AF221399

Alkoholabhängig

HARALD HÖNEMANN

Alkoholabhängig

Der Weg ist das Ziel

Bibliografische Information der Deutschen Nationalbibliothek:
Die Deutsche Nationalbibliothek verzeichnet diese
Publikation in der Deutschen Nationalbibliografie; detaillierte
bibliografische Daten sind im Internet über dnb.dnb.de
abrufbar.

Veröffentlicht von Iljana Hönemann
Geschrieben 2007 von Harald Hönemann
Lektorat, Korrektorat: Kristina Butz

© 2022 Harald Hönemann
Satz, Umschlaggestaltung, Herstellung und Verlag: BoD –
Books on Demand, Norderstedt

ISBN 978-3-7568-8965-5

Inhalt

Vorwort

Liebe Leserin, lieber Leser,
mein Mann ist seit dem 20. April 2004 trockener Alkoholiker. Er hat in der Zeit, als er noch getrunken hat, sowie in den Reha-Einrichtungen, in denen er stationär war, einiges erlebt. Nach der zweiten Reha hat er sich hingesetzt und dieses Buch geschrieben. Im Jahr 2007 hat er mit diesem Buch einen Manuskriptwettbewerb gewonnen. Der Preis beinhaltete die anfallenden Herstellungskosten wie die Druck- und Buchbindungskosten, das Lektorat sowie die Erteilung einer ISBN. Aus unbekannten Gründen lief der Prozess nicht so, wie er hätte sein sollen. Die Zusammenarbeit im Lektorat war nicht so, wie mein Mann es sich vorgestellt hatte. Es wurden ohne sein Einverständnis einhundert Bücher gedruckt, von denen er nur ein einziges Exemplar bekommen hat. Dieses hat er einige Male verliehen. Selbst seine Hausärztin, Frau Dr. Fischer, hat es gelesen. Von allen Lesern kam eine positive Rückmeldung. Daher habe ich mich als seine Frau daran gemacht, das Buch abzuschreiben, um es erneut zu veröffentlichen.

Vorgeschichte

Eines möchte ich gleich zu Beginn festhalten: Ich habe nicht getrunken, nein, ich habe gesoffen.

Aber ich habe es geschafft, liebe Leserin und lieber Leser! Wenigstens bis zu dem Zeitpunkt, an dem ich an diesem Buch schreibe. Seit dem 20. April 2004 bin ich trocken.

In diesem Buch möchte ich meinen Weg dorthin mit allen Höhen und Tiefen beschreiben. Es wird für jede Leserin und jeden Leser etwas dabei sein und wenn das Buch nur hilft, weniger zu verurteilen oder sich mehr zu engagieren. Vielleicht kann es auch eine kleine Hilfe sein, um abstinent zu leben. Sich als Alkoholiker die ein oder andere Frage zu stellen. Zu hinterfragen, wie es so weit kommen konnte, nicht mehr ohne Alkohol leben zu können. Ich schreibe dieses Buch in der Hoffnung, dass der ein oder andere Abhängige sich hinterfragt. Sich vielleicht outet, um endlich Hilfe in Anspruch zu nehmen. Ich möchte Angehörigen zeigen, dass es geht: Suchtkranke können trocken leben. Vielleicht hilft es auch dabei, dass Angehörige ihre eigene Co-Abhängigkeit erkennen können.

Ich möchte dieses Buch der Reihenfolge nach schreiben, indem ich mit meiner nassen Zeit beginne, danach die zwei Langzeittherapien und den Psychiatrie-Aufenthalt schildere, um schließlich zu den Fragen zu kommen, die sich mir gestellt haben, und um zu Antworten zu gelangen. Zuletzt werde ich Ereignisse beschreiben, die mich an den Rand eines Beinahe-Rückfalls gebracht haben. Diese Ereignisse passierten zum Teil erst, nachdem ich das Buch zum ersten Mal geschrieben hatte.

Mein Name ist Harald Hönemann, ich bin dreiundvierzig Jahre alt und lebe mit meiner Frau und meinen Kindern in der Nähe von Bad Düben. Ich habe mich entschieden, meine Geschichte von dem Zeitpunkt an zu erzählen, in dem ich aus meinem ›dahin schlummernden Suchtschlaf‹ nicht wach geküsst, sondern gebissen wurde. Im Grunde genommen verdanke ich mein jetziges Leben in Abstinenz einem mittelgroßen Hund.

Es war Freitag, der 28. November 2003. Wie so oft nach Feierabend war ich alkoholisiert. Meine Frau und meine Tochter wollten unseren Sohn in Eilenburg vom Bahnhof abholen. Normalerweise vermied ich es immer, im alkoholisierten Zustand mitzufahren, aber wahrscheinlich war mein Pegel an diesem Tag noch nicht erreicht und mein Vorrat an Alkohol war erschöpft. Die Sucht macht ja pfiffig: Ich belauschte also eine Unterhaltung meiner Frau und meiner Tochter. Sie planten einen kleinen Einkauf in einem am Bahnhof gelegenen Discountmarkt. Ich musste zusehen, dass ich mitfahren konnte, um Nachschub zu kaufen. Üblicherweise hatte ich in der Zeit, in der ich allein zu Hause war, meine Ruhe, um meinen Stoff zu trinken oder in die Kneipe zu fahren. Heute jedoch fuhr ich mit.

Vor dem Markt sahen wir einen Hund sitzen, ordentlich angeleint – wie es sich gehört. Da wir selbst einen Hund hatten und mein Übermut groß war, wagte ich es, mich diesem vierbeinigen Gesellen zu nähern. Dieser war ganz und gar nicht damit einverstanden. Er knurrte, was ich natürlich ignorierte, genauso wie die mahnenden Worte meiner Tochter. Dass er mit meinen Annäherungen nicht einverstanden war, zeigte er mir dann, indem er seine Zähne in mein linkes Schienbein rammte.

Das erzählte ich meiner Familie zunächst nicht, musste es aber später eingestehen, da mein Bein schon auf dem Bahnsteig anschwoll.

Zu Hause gab es dann eine große Aufregung. Meine

Familie machte mir Vorwürfe und hatte alle möglichen Bedenken, was den Gesundheitszustand des Hundes betraf. Tollwut oder Ähnliches standen zur Debatte.

Also begab ich mich noch am selben Abend in medizinische Behandlung in die Notaufnahme eines Krankenhauses. Die ersten Fragen waren – wie nicht anders zu erwarten: Ist der Hund gegen Tollwut geimpft? Wer ist der Halter? Ist der Hund versichert? Ich konnte keine Antwort geben. Woher auch? Ich kannte weder den Hund noch das Herrchen. Als die behandelnde Ärztin dann auch noch verlangte, dass ich einen Nachweis darüber zu erbringen habe, dass dieser Hund gegen Tollwut geimpft war, war ich ganz schön verdattert. An so etwas hatte ich überhaupt nicht gedacht.

In dieser Nacht ging mir manches durch den Kopf. Tollwut brachte ich mit unangenehmen Spritzen in den Bauchraum in Verbindung. Selbst die Vorstellung, einem qualvollen Tod zu erliegen, durchfuhr mein Gehirn, das langsam nicht mehr vom Alkohol benebelt war. Die Frage, wie ich den Hund nebst Herrchen finden sollte, drängte sich mir auf. Die Nacht wollte einfach nicht vergehen, die Stunden schleppten sich endlos dahin.

Ich war froh, als der Morgen anbrach und endlich alle aufgestanden waren, vor allem meine Tochter. Sie war die Einzige, die den Hund auch gesehen hatte. Am Frühstückstisch fragte ich sie verlegen, wie der Hund ausgesehen hatte. Sie konnte sich kaum daran erinnern, da sie dem Hund wenig Aufmerksamkeit geschenkt hatte. Ich kam mir meiner Familie gegenüber ganz schön dumm vor. Es war nicht mehr zu leugnen, dass ich am Vorabend unter einem enormen Alkoholeinfluss gestanden hatte.

Wir machten uns also auf die Suche nach dem Hundebesitzer samt Hund. Nach langem Suchen und Durchfragen im und in der Nähe des Discounters fanden wir die zwei. Sie sahen nicht gerade vertrauenserweckend aus, was meine nächtlichen Befürchtungen wieder auf den Plan rief. Das Herrchen konnte sich einen Tierarztbesuch nicht leisten, meine Ärztin bestand aber auf eine tierärztliche Bescheinigung, dass der Hund keine Tollwut hatte. Es kostete schließlich einiges an Mühe, das Herrchen zu einem Besuch beim Tierarzt zu bewegen. Diese Hürde war erst dann genommen, als ich mich dazu bereit erklärte, die Rechnung zu übernehmen.

Der Hund war gesund und das Herrchen hatte einen frisch geimpften Vierbeiner, was mich einiges an Geld gekostet hatte. Ich hatte nun meine Bescheinigung und war für den Moment beruhigt.

Es war Samstag und – nicht dass Sie denken, ich hätte aus dieser Geschichte irgendetwas gelernt – ich brauchte meinen Alkohol und den beschaffte ich mir. Die Freude über den gesunden Hund musste ja begossen werden.

Am Montag marschierte ich stolz mit der Bescheinigung zu meiner Hausärztin, doch sie hatte gleich den nächsten Schlag für mich parat. Sie wolle gern ein paar Bluttests machen, meinte sie. Ich ahnte, was dabei herauskommen würde.

Sie machte ihre Tests und es dauerte einige Tage, bis die Auswertung kam, in denen ich mir meinen Kopf darüber zerbrach, was sie wohl sagen würde.

Der Tag kam: Der Blick meiner Hausärztin verriet eine Menge. Innerlich hatte ich mich schon auf schlechte Nachrichten eingestellt. Als sie meine Blutwerte vor sich liegen hatte, sagte sie – und ich werde diese Worte nie vergessen – in einem ernsten Tonfall: »Sie begehen Selbstmord mit Messer und Gabel und wahrscheinlich auch noch mit Alkohol.« Da waren sie das erste Mal, die Gedanken an Leberzirrhose, und sie sollten mich noch lange verfolgen. Ich hatte einen Leberwert von 442 GPT. Normal ist ein Wert von 10 bis 70 GPT.

Ich trat dementsprechend etwas kürzer mit dem Alkoholkonsum. Das hielt allerdings nur ein, zwei Tage an.

Dann stand Weihnachten vor der Tür und ich hatte nun genügend Zeit, um mir Gedanken zu machen. Viele Dinge kreisten durch meinen Kopf. Da waren sie wieder, die Erinnerungen an ehemalige Kollegen, die sich im Grunde genommen ›totgesoffen‹ hatten. Innerlich hatte ich mir schon länger eingestanden, ein Suchtproblem zu haben. Bisher hatte ich es aber nie geschafft, länger als eine Woche ohne Alkohol auszukommen. Selbst Stürze und Verwundungen, die ich mir im Suff zugezogen hatte, konnten mich damals nicht davon abhalten, mein Quantum an Alkohol zu trinken.

Aber jetzt war mein Kopf wie ein Betonmischer. Alles drehte sich immer und immer wieder um eine Frage: Willst du so weitermachen oder willst du etwas ändern? Mir saß schließlich schon jemand im Nacken, wie meine Hausärztin prophezeit hatte: Gevatter Tod. Nach langen und harten Verhandlungen mit mir selbst sagte ich mir: Mensch, wie dumm bist du eigentlich? Sitzt den Winter über zu Hause und hast eh keine Arbeit, mach was!

Es bedurfte einiges an Überwindung, aber ich nahm meinen ganzen Mut zusammen. Gleich Anfang Januar 2004 sprach ich bei meiner Hausärztin vor.

Wenn Sie, liebe Leserin und lieber Leser, sich in der Materie Alkoholabhängigkeit etwas auskennen, muss ich Ihnen nicht erklären, dass es nur sehr wenige selbst schaffen, davon loszukommen. Wenn man es versucht und der Versuch schiefgeht, erhöht sich die Menge des täglichen Alkoholkonsums zusehends. Das hatte ich bereits am eigenen Leib erfahren, so soff ich nach gelegentlichen Pausen von wenigen Tagen immer mehr.

Meine Hausärztin, die eine Ärztin ist, wie sie im Buch steht, war erfreut, als ich ihr mein Alkoholproblem gestand.

Sie sagte, dass ich den ersten großen Schritt, der am schwierigsten ist, getan habe. Das Eingestehen der Abhängigkeit hatte ich geschafft und mich geoutet. Sie war sichtlich froh, dass ihre mahnenden Worte so einen schnellen Erfolg herbeigeführt hatten. Sie hätte mich am liebsten sofort in eine Klinik geschickt. Sie wollte die Einweisungspapiere gleich fertig machen. Doch ich musste auf die Enthusiasmus-Bremse treten, da ich den Ärger mit meiner Krankenkasse schon witterte. Dennoch stand mein Entschluss fest. Ich musste etwas tun: eine Langzeittherapie!

Meinen Entschluss verkündete ich dann meiner Familie. Ich kann Ihnen sagen, die Zweifel waren nicht nur groß, sondern riesengroß. Meine Frau wollte es nicht so recht glauben, erst mit der Zeit, als ich mich wirklich intensiv um einen Reha-Platz bemühte, merkte sie, dass ich es ernst meinte. Warum hätte sie mir auch gleich Glauben schenken sollen? Schließlich hatte ich ihr schon des Öfteren versprochen, nichts mehr zu trinken, und es hatte jedes Mal in einer Enttäuschung für sie geendet.

Es sollte ein ewiger Schriftverkehr mit der Krankenkasse folgen – wie ich bereits geahnt hatte. Schließlich bekam ich von meinen Sachbearbeitern den Tipp, bei der Rentenversicherung nachzufragen, ob sie mir eine Reha genehmigen und die Kosten übernehmen würde. Ja, es war eine Zeit der Enttäuschungen, weil ich mich schon seelisch und moralisch auf die Therapie eingestellt hatte. Doch weil mein Entschluss feststand, machte ich mich auf den Weg, um alle nötigen Dinge in die Wege zu leiten. Außerdem saß ich einige Male in Eilenburg in der Suchtberatung, beschämt von meiner Sucht.

Nachdem mir alle Unterlagen von der Rentenversicherung und der Suchtberatung vorlagen, bekam ich den 20. April 2004 als Termin, an dem ich in die Soteria Klinik in Leipzig einmarschieren konnte.

Im Laufe der Zeit bin ich zu der Auffassung gelangt, dass ich mein Quantum an Alkohol in meinem Leben erreicht habe. Ich habe genug gesoffen. Wenn ich zurückdenke, muss ich sagen, dass mir bewusst geworden ist, dass das Spiel mit dem ›Teufel Alkohol‹ aus ist. Finito! Aber wird es jemals richtig aus sein?

Ich hatte mich als Alkoholiker geoutet und brauchte meinen Stoff nicht mehr zu verstecken. Es ist nicht ratsam, ohne ärztliche Begleitung einen kalten Entzug zu machen. Denken Sie also nicht, dass ich in der Zeit von Jahresanfang bis zu diesem Zeitpunkt meinen Alkoholverbrauch reduziert hätte. Im Gegenteil! Es war eine – auch wenn es für manche unglaubhaft klingen mag – Art Abschiedssaufen. Ich habe jeden Tag mein Quantum meiner Familie gegenüber getrunken. Die Flasche Schnaps stand jetzt sichtbar in der Küche. Ich habe Alkoholiker kennengelernt, die mir dies bestätigten und denen es genauso erging. Andere haben sich am letzten Abend vor der Langzeittherapie noch einmal richtig die Sinne benebelt. Ob diese Variante zu einem sicheren Therapieerfolg beiträgt, ist sicherlich noch nicht erforscht worden. Selbst Therapeuten fanden diese Form des Abschiednehmens nicht verkehrt, denn getrunken hat man ja so oder so.

Jedenfalls bin ich diesem Hund heute noch dafür dankbar, dass er mir meine Grenzen aufgezeigt hat. Mein Leben wäre sicherlich anders verlaufen oder schon beendet, wenn ich so weitergemacht hätte.

Aufenthalt in der Soteria Klinik in Leipzig

Auf der Entgiftungsstation

Der erste trockene Tag sollte der 20. April 2004 sein. Ein Datum, das ich sicherlich nicht so schnell vergessen werde. Es war der Antritt meiner Entgiftung und anschließenden Langzeittherapie. Diese Therapie sollte sechzehn Wochen dauern. Ich brach sie am 18. Juni 2004 ab, weil mir der psychische Druck zu groß geworden war. Dennoch möchte ich meine Erlebnisse schildern. Ich möchte schildern, was ich erlebte und warum ich zu der Meinung gekommen bin, dass gerade eine Langzeittherapie von Vorteil ist.

Ich denke, wenn man die feste Absicht hat, sein Leben in Abstinenz zu verbringen, sollte man mit einer solchen Therapie beginnen. Man sollte sich aber bewusst machen, dass es wirklich nicht einfach ist. Ich durfte mir einige abfällige Bemerkungen anhören. Manche Leute sind der Meinung, eine Langzeittherapie sei ein schöner Kuraufenthalt. Diesen Leuten möchte ich gleich den Wind aus den Segeln nehmen. Es ist harte Arbeit.

Wie erwähnt dauert diese Therapie sechzehn Wochen – nach neuestem Stand sind zwölf Wochen ausreichend – im Einzelfall kann die Therapie auf Antrag der Klinik beim Kostenträger verlängert werden. Es gibt ambulante Therapien, über die ich nicht urteilen kann, da sie mir nicht angeboten wurden. Ich lernte jedoch während meiner Therapie eine junge Frau kennen, die diese Form der Therapie begonnen hatte, sich nicht stabilisieren konnte und rückfällig wurde. Sie entschied sich nach dem ersten gescheiterten Versuch für eine vierwöchige Therapie in der christlichen Rehabilitationsklinik für Suchterkrankungen, in der auch ich später meine zweite Langzeittherapie absolvieren sollte. Diese Klinik heißt im Volksmund ›Punica Oase‹. Auch diese Maßnahme konnte ihr nicht helfen, sodass sie sich dann für eine weitere sechzehnwöchige Therapie entschied. Nach meinem Kenntnisstand ist sie seit einigen Monaten abstinent. Ich habe auch Alkoholiker kennengelernt, die es auf fünf Langzeittherapien gebracht haben. Wer weiß, ob sie es jemals schaffen, abstinent zu leben?

Erst im Nachhinein ist mir klar geworden, was während meiner ersten Langzeittherapie schiefgelaufen ist. Es lag nicht an der Therapie oder den Therapeuten, denn diese waren in Ordnung. Ich konnte mich nicht richtig auf die Therapie einlassen, obwohl ich es wollte, und so brach ich sie ab.

Ich möchte erwähnen, dass sich die nachfolgenden Schilderungen auf Kliniken beziehen, in denen ich meine Erfahrungen sammelte. Was ich damit sagen möchte, ist: Was ich gut finde, muss einem anderen noch lange nicht gefallen.

Die Soteria Klinik in Leipzig hat den Ruf, dass dort sehr strenge Regeln gelten. Darum reißen sich auch nicht viele Alkoholiker um einen Therapieplatz in dieser Klinik. Meine zweite Langzeittherapie, die ich regulär beendete, verbrachte ich in einer christlichen Rehabilitationsklinik für Suchterkrankungen in der Nähe von Moritzburg. In dieser Klinik war der Therapieablauf vollkommen anders. Dort gab es auch Regeln, aber diese wurden nicht so streng gehandhabt. Es gibt Kliniken, in denen es noch deutlich gelassener zugeht als in dieser Klinik. Solche Informationen erhält man von den Patienten, die schon öfters eine Langzeitreha gemacht haben.

Über die Rückfallquote während und nach der Therapie in diesen Einrichtungen kann ich nur spekulieren. Für Außenstehende mag das schwer nachzuvollziehen sein.

Bevor ich mit meinen ausführlichen Schilderungen beginne, möchte ich noch erwähnen, dass einige Abläufe in den Kliniken im Nachhinein in einem anderen Licht gesehen werden müssen. Das ist bei mir der Fall, wenn ich an meine Erlebnisse in der Soteria Klinik zurückdenke. Meine Meinung über die christliche Rehabilitationsklinik werde ich wohl nicht ändern, da kann noch so viel Zeit vergehen.

Nun möchte ich aber meine erste Langzeittherapie schildern.

Es war also der 20. April 2004. Das Taxi war für 7.30 Uhr bestellt. Das Wetter passte zu meiner Stimmung: Es war nasskalt mit ein wenig Nieselregen. In mir herrschte eine Unruhe, die schwer zu beschreiben ist. Was erwartete mich? Ich hatte schlecht geschlafen, wie es sich für einen Alkoholiker wie mich, der in den letzten drei Monaten mindestens eine Flasche Klaren pro Tag in sich hineingeschüttet hatte, gehört. Ich zitterte und war nervös. Der Taxifahrer war nett, sodass wenigstens der Ansatz einer Unterhaltung zustande kam, was meiner Unruhe guttat. Er wusste genau, was los war, denn er kannte diese Klinik. Es war nicht das erste Mal, dass er jemanden dorthin brachte. Sicherlich hat er es mir auch angesehen. Ich weiß noch, dass er sagte: »Hinbringen darf ich euch, aber abholen nie.« Für die Heimreise wählte ich übrigens den Bus.

Da stand ich nun mit meinem Koffer und meiner Reisetasche. Ich war niedergeschlagen und hatte Angst. Angst vor dem Ungewissen.

Zuerst kam die Aufnahme, alle Formalitäten wurden geklärt. Das dauerte und meine Nervosität legte sich etwas. Mein Ausweis und das Bewilligungsschreiben wurden überprüft. Dann ging es auf die Entgiftungsstation. Empfangen wurde ich mit: »Einmal pusten, bitte!« Dann durfte ich erst einmal auf dem Flur Platz nehmen.

Ich hatte das volle Programm gebucht – sozusagen alles inklusive. Warum betone ich das? Ich hätte zuerst nur die Entgiftung machen können und nach einer Woche – so lange dauert in der Regel eine Entgiftungsbehandlung – noch einmal nach Hause fahren können, denn die Entgiftung gehört nicht zur Langzeittherapie. Als ich meine Therapie gebucht hatte, hatte ich mir jedoch gesagt: »Das musst du hintereinander durchziehen! Wenn es dir besser geht und du für eine Woche zu Hause bist, machst du möglicherweise doch noch einen Rückzieher.«

Heute kann ich sagen, dass diese Entscheidung, obwohl mein Kopf ganz schön benebelt war, die einzig richtige war. Das, was man schon während der Entgiftung von der Langzeittherapie mitbekam, hätte mich nur ermutigt, einen Rückzieher zu machen.

Nun war ich da und hatte einen Restalkohol von 0,5 Promille. Nachdem ich die Fragen nach Alter, Familienstand und so weiter beantwortet hatte, durfte ich mein Krankenzimmer betreten. Es war hell und sauber. Ein Pfleger begleitete mich. Nicht ohne Grund, wie sich schnell herausstellte, denn er startete eine intensive Taschenkontrolle. Oh, war der Mensch mir gleich unsympathisch. Er wühlte alles durch, bis zur letzten Ecke. Meinen ersten Eindruck von ihm musste ich aber bald korrigieren, denn der junge Mann war sehr nett wie das gesamte Pflegepersonal. Als nasser Alkoholiker sah ich viele Sachen ganz anders und hatte schnell Vorurteile. Der Pfleger machte ja nur seine Arbeit. Es gibt nun einmal Vorschriften in solch einer Klinik und diese müssen eingehalten werden. Ich machte die Erfahrung, dass es sich in der Entgiftungsstation um tolle Menschen handelte.

Jetzt saß ich da auf meinem Bett, mutterseelenallein, kein

Mensch war mit mir in meinem Zimmer. Gegen Mittag lugte die Sonne hinter den Wolken hervor und es wurde schön. Mir kamen die ersten wehmütigen Gedanken, als ich aus dem Fenster schaute. Ich fragte mich, was ich hier machte. Im selben Atemzug kam mir aber die Erkenntnis, dass ich mir das alles selbst eingebrockt hatte. Ich sagte mir, dass ich ganz allein an dieser Situation schuld war. Mir wurde bewusst, dass ich es mit der Sauferei übertrieben hatte. Alle Gedanken daran, was ich jetzt zu Hause machen könnte oder würde, halfen nichts. Sicher hätte ich zu Hause wieder an der Flasche gehangen.

Dann war Mittag. Das Essen gab es auf dem Flur, wo ich zum ersten Mal mit anderen Patienten Kontakt hatte. Gegessen wurde jedoch auf dem Zimmer. Ich hatte keinen richtigen Appetit, ich weiß noch, es gab Bratwurst mit Sauerkraut und Kartoffeln. Ein Trost für mich war, dass es ein Telefon am Bett gab. Ich konnte Kontakt zu meiner Familie aufnehmen. Bevor ich mir eine Telefonkarte holen konnte, war allerdings wieder Pusten angesagt. Nur mit 0,0 Promille durfte man die Entgiftungsstation verlassen, um an den Kartenautomaten zu gelangen.

Ich war froh, als ich meine Karte hatte. Es war eigenartig: Ich war noch keine vierundzwanzig Stunden von zu Hause weg und schon tat sich in mir eine Gefühlswelt auf, die ich schon lange nicht mehr erlebt hatte. Ich fühlte mich einsam und verlassen. Oder war es nur das Verlangen nach alten Gewohnheiten? Nach Alkohol, den ich zu dieser Tageszeit schon zur Genüge in mir gehabt hätte? Mit ihm wäre ich sicher nicht in diese Gefühlsduselei verfallen.

Am späten Nachmittag konnte ich dann endlich telefonieren und freute mich, die Stimmen meiner Frau und meiner Tochter zu hören. Das Telefonat heiterte mich auf.

Dann kam der Abend und die Nacht und ich vermisste die

Personen, die sich am häufigsten über mein Trinkverhalten geärgert hatten. Die Menschen, deren Gefühle ich mit Füßen getreten hatte. Es war eine schlaflose Nacht, was aber nicht weiter schlimm war, denn am nächsten Tag war noch genug Zeit zum Schlafen. Außer der ärztlichen Untersuchung lag nichts weiter an.

Auch den zweiten Tag ohne Alkohol schaffte ich. Komisch, auch ohne Alkohol ging das Leben weiter und ich fühlte mich körperlich nicht einmal so schlecht. Ja, im Gegensatz zu anderen Patienten ging es mir sehr gut, das war offensichtlich.

Heute stand eine Ultraschalluntersuchung an. Wieder hatte ich eine schlaflose Nacht durchlebt, in der mir alle möglichen Untersuchungsergebnisse durch den Kopf gegangen waren. Bis zur Untersuchung war ich so nervös, dass ich nichts mit mir anzufangen wusste. Ich hatte mich im Vorfeld über Schäden, die das Saufen – und ja, ich hatte in letzter Zeit besonders viel gesoffen – anrichten konnte, informiert. Leberzirrhose, dieses Wort hatte sich besonders in meinen Gedanken festgesetzt. Genau wie damals nach dem Bluttest bei meiner Hausärztin.

Ich hatte das Wort Leberzirrhose so oft gehört, aber dennoch hatte es mich nie vom Alkoholmissbrauch abgehalten. War Leberzirrhose mit dem sicheren Tod in absehbarer Zeit gleichzustellen? Eine Spenderleber zu bekommen, war nach Informationen aus Presse und Rundfunk hoffnungslos. Die Wartelisten waren schon zum Brechen voll. Und wenn ja, würde mein Körper diese Leber annehmen? Das alles waren Fragen, die durch meinen Kopf schossen. Je näher der Termin kam, umso mehr Angstschweiß machte sich auf meiner Stirn breit. Abhauen oder Wegrennen würde nichts helfen. Die Tatsachen würden sich nicht ändern.

Der Untersuchungstermin kam. Ein innerliches Aufatmen nach der Diagnose: Fettleber. Das war nicht so bedenklich und für mein Übergewicht normal, sagte mir der Arzt. Ich schaute auf einmal viel glücklicher in die Welt.

Im Laufe des Nachmittags kam dann der Pfleger in mein Zimmer. Ich war noch immer allein und in Gedanken zu Hause. Er machte seinen Rundgang und so kamen wir ins Gespräch. Am Ende unseres Gesprächs – das weiß ich noch genau – sagte er: »Mensch, Sie sind doch kein Dummer. Denken Sie über Ihre Sucht nach. Da hinten auf dem Flur steht ein Hometrainer, machen Sie sich da drauf und bewegen Sie sich etwas, dabei kann man gut nachdenken!« Der Mensch, der mir vor zwei Tagen durch seine Taschenkontrolle unangenehm geworden war, wurde mir sympathisch. Das Pflegepersonal auf dieser Station hatte immer ein Lächeln auf den Lippen, was wirklich über den einen oder anderen seelischen Schmerz hinweggeholfen hat. Noch heute frage ich mich, wie sie es schafften, so freundlich und hilfsbereit zu bleiben. Man muss diese Leistung erst erkennen, um sie wertschätzen zu können.

Im Laufe meines Aufenthaltes entwickelte sich ein angenehmes, freundliches Miteinander, das bis heute anhält. Die Bestätigung erhalte ich durch meine Besuche in der Klinik, die ich dann und wann, wenn ich einmal wieder in Leipzig bin, gern mache.

Am Freitag sollte ich auf die Aufnahmestation des Langzeitbereiches verlegt werden. Das lehnte ich ab. Ich wollte am Wochenende Besuch empfangen können. Ich trug meinen Wunsch der Ärztin vor und durfte noch über das Wochenende auf der Entgiftungsstation bleiben. So änderte sich das: Auf einmal wollte ich die Menschen wiedersehen, die vor noch nicht allzu langer Zeit, wenn wieder einmal dicke Luft gewesen war, doch nur ›Schlechtes‹ in meinen Augen gewollt hatten. Ich freute mich auf den Besuch und sah dem Sonntag voller Erwartung entgegen.

Der Sonntag kam und aus welchen Gründen auch immer sollte nicht die richtige Stimmung aufkommen. Es waren Kleinigkeiten, die dazu führten, dass eine gewisse Spannung entstand. Es ging um Kleidungsstücke und Handtücher, die ich dabehalten sollte, aber nicht wollte – also um Nichtigkeiten. Erst später erkannte ich die Ursachen dafür. Auf beiden Seiten hatte sich eine gewisse Erwartungshaltung aufgebaut, die an die Zeit zu Hause erinnerte. Die Besucherseite war natürlich enttäuscht, war sie doch in der Hoffnung angereist, einen schon veränderten Menschen anzutreffen, der nun doch gefälligst erkennen sollte, dass das alles nur gut gemeint gewesen war. Der Suchtkranke hingegen sah es aus einem anderen Blickwinkel. Er sah sich als ›schwarzes Schaf‹, das wieder in die Enge getrieben werden sollte. Das seine eigenen Ansichten nicht vertreten durfte und gefälligst machen sollte, wie ihm geheißen wurde. Wenn man in so eine Situation gerät, empfehle ich, die Erwartungen nicht zu hoch anzusetzen, um dann lieber einige Momente der Ruhe zu genießen. Denn auch Ruhe kann angenehm sein, gerade weil auf Seiten des Alkoholikers ein Schamgefühl vorhanden ist. Insbesondere jetzt, da er nüchtern ist. Er hat keine Möglichkeit, Zuflucht im Alkohol zu suchen, um dieses Gefühl zu umgehen, ja abzutöten, sozusagen wegzusaufen. Das hatte er in der Vergangenheit ja schon getan und es hatte gut funktioniert.

Bedenken Sie bitte: Der Alkoholiker in der Klinik muss wieder lernen, mit Gefühlen umzugehen, die ihm im Laufe seiner Trinkerkarriere verloren gegangen sind. So war es nicht gerade eine schöne Besuchszeit, das empfanden wir alle so. Meine Frau fuhr sichtlich enttäuscht mit den Kindern weg. Ich war mir sicher, dass sie sich wieder über mich ärgerten. Ich suchte nach einem Vorwand, um meine Frau auf dem Handy meiner Tochter anzurufen. Sie waren noch nicht so weit weg, sodass sie wendeten und noch einmal kurz zurückkamen. Wir wechselten einige Worte, um den verunglückten Abschied etwas geradezurücken. So konnten wir den Sonntagnachmittag doch noch retten.

Ich hatte noch nie zuvor in meinem Leben auf einem Hometrainer gesessen. Doch hier schlossen das unbewegliche Fahrrad und ich Freundschaft für den Rest meines Klinikaufenthaltes. In den Tagen auf der Entgiftungsstation quälte ich den Hometrainer regelmäßig. Durch meine längeren Aufenthalte auf dem Flur sah ich meine Mitpatienten nun genauer. Vorher hatte ich sie immer nur flüchtig bei den Mahlzeiten gesehen, sodass ich die weitreichenden Ausmaße ihrer Alkoholabhängigkeit noch nicht erkannt hatte.

Es wurde mir wieder einmal klar, dass es mit meinem Gesundheitszustand viel, viel schlimmer hätte kommen können. Wenn man diese Menschen als Außenstehender mit eigenen Augen sehen könnte, würde man wohl die Hände über dem Kopf zusammenschlagen. Man kann sich kaum ausmalen, welche Ausmaße der Missbrauch von Alkohol annehmen kann. Wie der Alkohol einen Menschen zum Wrack werden lässt. Während ich auf dem Hometrainer radelte, huschte einmal eine Frau mit einem Veilchen schamhaft über den Flur ins Raucherzimmer, das nur zu festgelegten Zeiten geöffnet war. Ich habe Frauen und Männer gesehen, die sich an der Wand festhalten mussten, um mit kleinen, seitlichen Trippelschritten in das Raucherzimmer zu gelangen. Ich habe in ihre von Sturzwunden gezeichneten Gesichter mit Hautabschürfungen blicken müssen. Wunden, die mit Pflastern und Binden versorgt waren, waren noch das Geringste.

Da ich den Hometrainer auch nach meinem Aufenthalt auf der Entgiftungsstation weiter benutzen durfte, stellte ich fest, dass es oft dieselben Gesichter waren, in die ich blicken durfte. Sie hatten ihren Aufenthalt für ein oder zwei Wochen unterbrochen.

Auf dem Hometrainer war ich auch des Öfteren Augenzeuge, wenn ein Patient mit dem Rettungsdienst eingeliefert wurde. Für Menschen, die noch nie gesehen haben, welches menschliche Elend auf solch einer Station herrscht, ist es unvorstellbar. Erwachsene Männer und Frauen sind fertig mit der Welt, hilflos, am Ende. Einige dieser Menschen mussten zum Teil am Bett fixiert werden. Sie hatten Krampfanfälle. Andere mussten gewindelt werden. Sie konnten die normalsten Körperfunktionen nicht mehr steuern. Durch die fortgeschrittene Leberschädigung war ihre Hautfarbe dunkelgelb und die Augen gelb. Ich konnte diesen Menschen nicht in die Augen blicken, denn mir kamen dabei die Tränen. Es ist schwer für mich, dieses Elend zu beschreiben. Man muss es gesehen haben, um die abschreckende Wirkung zu verstehen. Vielleicht würde es Sinn machen, wenn Schüler der neunten und zehnten Klassen einen Abstecher in solch eine Einrichtung machen, um mit eigenen Augen zu sehen, was der Alkohol aus einem Menschen machen kann. Vielleicht würde das etwas bewirken.

Das Elend, das ich beschreibe, habe ich nicht nur in der Soteria Klinik gesehen. Auch in der Psychiatrie in Wermsdorf gab es eine Entgiftungsstation. Jeden Montag gingen wir dort zum Suchtseminar. Auch wenn es nicht zu den Erlebnissen während meiner Langzeittherapien gehört, möchte ich es dennoch kurz schildern. Diese Suchtseminare haben mir persönlich sehr viel gegeben.

Das Seminar hielt ein junger Stationsarzt. Dieser Arzt konnte jedem Patienten alles über Symptome von Folgeerkrankungen der Sucht und was sich genau im Körper abspielte erklären. Er strahlte dabei eine tiefe Ruhe aus und erläuterte die Sachverhalte so bildlich, dass man sie genau verstand. Er erklärte uns auch die Leberzirrhose, die für zwei Patienten, die ich kennengelernt hatte, Wirklichkeit war.

Wie entsteht diese Erkrankung? Ich möchte versuchen, mit meinen eigenen Worten wiederzugeben, was uns dieser junge Arzt erklärt hat. Die Leber ist das Organ in unserem Körper, das die Giftstoffe – also auch den Alkohol – aus unserem Blut wäscht. Durch übermäßigen Alkoholkonsum schwillt die Leber an und auf ihrer Oberseite entstehen Risse. Diese verheilen wieder und bilden Narben. Um diese Narben herum entsteht ein festes Gewebe. Durch den anhaltenden Alkoholmissbrauch entstehen immer mehr dieser Narben und es kommt zu einem Narbengeflecht auf der Leber. An diesen Stellen der Leber können die Leberzellen nicht mehr arbeiten, um zur Entgiftung beizutragen. Weitere Schäden in unserem Körper sind vorprogrammiert. Durch das Zusammenziehen der vernarbenden Wunden auf der Leber wird aus der angeschwollenen Leber eine Schrumpfleber (Leberzirrhose). Die Oberfläche der Leber wird dadurch im Laufe der Zeit immer fester und kleiner. Ein weiteres Übel ist, dass die Leber selbst keine Schmerzsignale an unser Gehirn sendet, sodass wir eine Lebererkrankung schlecht erkennen können. Ein Erkennungsmerkmal sind mögliche Schmerzen durch direkten Druck auf die geschwollene Leber. Diese Schmerzen spürt man unter dem rechten Rippenbogen. Ein weiteres Indiz für Leberfunktionsstörungen ist die Verfärbung der Haut und der Augen ins Gelbliche.

Ich lernte zwei Patienten mit Leberzirrhose in der Soteria Klinik kennen. Einer von ihnen sollte mit der Auflage, im Vorfeld eine Langzeittherapie durchzuführen, eine Spenderleber bekommen. Die Therapie brach er nach drei Wochen hoffnungslos ab. Er hatte den Kampf aufgegeben. Das machte mich nachdenklich, denn in der ersten Zeit war er sehr zuversichtlich gewesen, was die geplante Lebertransplantation betraf. Er verabschiedete sich mit Tränen in den Augen und den Worten: »Ich schaff es nicht mehr!«

Bei der zweiten Person handelte es sich um eine Frau, die Leberzirrhose im Anfangsstadium hatte. Da ich meine Therapie vorzeitig abbrach, verlor ich sie aus den Augen und kann nur hoffen, dass es ihr gut geht.

Diese Menschen taten mir leid, aber hatten sie sich nicht auch selbst dahin gebracht? Genau wie ich! Zumindest sagte ich mir das damals.

Ja, ich muss sagen ›damals‹, denn zu diesem Zeitpunkt hatte ich mich bei Weitem noch nicht so mit der Alkoholsucht auseinandergesetzt, wie ich es danach tat. Jeder muss sein eigenes Leben betrachten. Es war mir damals noch nicht bewusst, aber genau das war ja die Aufgabe während der Therapie. Sich über sein eigenes Leben Gedanken zu machen. Was war? Und was sollte noch kommen? Mit diesen Fragen sollte ich mich auseinandersetzen, anstatt mir Gedanken über andere Patienten zu machen.

Auch die Patienten, denen es viel schlechter ging als mir, erholten sich mit der Zeit, sodass sie wieder halbwegs normal laufen konnten. Wieso halbwegs? Es gibt Alkoholiker, bei denen die Nerven in den Beinen oder Händen abgestorben sind. Da die Nerven schon so in Mitleidenschaft gezogen sind, dauert es sehr lange, bis sie sich wieder regeneriert haben. So können diese Patienten schlecht ihr Gleichgewicht halten. Das erkennt man an dem breit gesetzten Schritt, die Füße zeigen auffällig nach außen. Dem nassen Alkoholiker fällt dies kaum auf. Sicher wird er eine Veränderung feststellen, diese aber durch seinen immer wiederkehrenden Rausch nicht mehr richtig einordnen können. Er betäubt seine körperlichen Schmerzen mit Alkohol. Spürt die langsam dahin schleichende Veränderung im Körper nicht. Hinzu kommt die medizinische Unwissenheit darüber, was sich da im Laufe der Zeit in seinem Körper abspielt. Es ist seinem körperlichen Desinteresse geschuldet, dass er in diesem Suchtstadium nicht mehr registrieren will, was sich da mit der Zeit verschlechtert. Es kann sogar so weit kommen, dass der Alkoholiker nicht mehr laufen kann. Wenn der Alkoholiker dann einige Zeit trocken lebt, beginnen sich diese feinen Nervenbahnen zu regenerieren. Dies ist mit Schmerzen verbunden. Die Nervenbahnen bauen sich langsam wieder auf. Alkoholiker, die diese Erfahrung durchmachen mussten, beschreiben dieses Gefühl unterschiedlich. Es kann als Kribbeln, Stechen, Ziehen oder Brennen wahrgenommen werden.

Auf der Aufnahmestation der Langzeittherapie

Kommen wir aber zurück zu meinem Aufenthalt in der Soteria Klinik. Der Montag kam und ich durfte in die Aufnahmestation für die Langzeittherapie einziehen. Diesmal hatte ich einen Zimmerpartner – auch Raumteiler genannt – der am Mittwoch in den Langzeitbereich wechselte. Ich sollte dann gleich wieder einen neuen Raumteiler bekommen. Er hieß Reiner und wir freundeten uns schnell an.

Da ich mich gut an das Pflegepersonal auf der Entgiftungsstation gewöhnt hatte, fiel mir der Umzug schwer. Am ersten Tag war wieder alles neu: neue Pfleger, neue Ärzte, neue Mitpatienten. Der einzige Vorteil war, dass die Mitpatienten alle aus demselben Grund hier waren wie ich. Sie alle waren Alkoholiker oder Mehrfachabhängige – Mehrfachabhängige wurden in der Soteria Klinik die Patienten genannt, die alkohol- und medikamentenabhängig waren.

Ich hatte diese Langzeittherapie aus eigenem Antrieb begonnen. Einige andere hatten diese Maßnahme unter Auflage antreten müssen. Hier konnte ich also schon Unterschiede bei der Einstellung zur Therapie sowie beim Gesundheitszustand erkennen. Ein weiteres Unterscheidungsmerkmal war die Anzahl der bereits absolvierten Therapien. Einige Mitpatienten waren die ›alten Hasen‹, die ›Erfahrenen‹, von denen ich einige schon auf der Entgiftungsstation kennengelernt hatte.

Auf der Aufnahmestation begann dann die kontaktarme Zeit. Sicher werden Sie sich jetzt fragen, wieso es eine kontaktarme Zeit gab. Bis man von der Aufnahmestation in den Rehabereich wechseln konnte, bestand der Kontakt zu Familie und Freunden nur schriftlich. Vielleicht denken sich einige Leser nun, dass man ja immer noch sein Handy hatte. Nichts da! Das Handy wurde einem bereits bei der ersten Taschenkontrolle abgenommen.

Es gab eine sogenannte und ausdrücklich verhängte Kontaktsperre für die Zeit auf der Aufnahmestation. Die einzige Ausnahme bildete der Abend des ersten Tages. Ab 20 Uhr hatte man noch einmal die Gelegenheit, ein Telefonat zu führen. Dies stand nur den Patienten zu, die neu auf der Aufnahmestation aufgenommen wurden. Das Telefonat fand natürlich unter Aufsicht einer Person vom Pflegepersonal statt.

Diese Kontaktsperre hatte einen tieferen Grund: Die Zeit auf der Aufnahmestation sollte jeder nutzen, um in sich zu gehen. Das war allerdings bei einem so straffen und genau durchgeplanten Tagesablauf nur schwer zu realisieren. In der Haus- und Therapieordnung stand: »Wir sind der Ansicht, dass Sie zu Beginn der Behandlung die Möglichkeit brauchen, sich auf sich zu besinnen. Damit Ihnen andere Kontakte dabei nicht im Wege stehen, dürfen Sie während des Aufenthaltes auf der Aufnahmestation keine Telefongespräche führen, auch Besuche sind in der Zeit nicht möglich.«[1]

Im Folgenden werde ich Ihnen einen Einblick in den Tages-

---

1 Haus- und Therapieordnung der Soteria Klinik. Die Rechte liegen bei der Soteria Klinik.

ablauf auf der Aufnahmestation geben. Um 6.30 Uhr wurde ich geweckt, danach folgte die Morgentoilette und eine Kreislaufkontrolle sowie Blutdruck-, Blutzuckermessung und so weiter. Das Frühstück wurde ab 7.15 Uhr im Speiseraum eingenommen, der 15 Meter von der Aufnahmestation entfernt war. Mahlzeiten gehörten zur Therapie und waren Pflicht.

Zu den Mahlzeiten ging es immer nur geschlossen, man musste also an der Tür warten, bis alle Patienten anwesend waren. Das war eine feste Regel und an Regeln, die es in Mengen gab, musste man sich gewöhnen und halten. Niemand durfte die Aufnahmestation allein verlassen. Diese Regel galt für alle Maßnahmen, die außerhalb der Aufnahmestation stattfanden. So stand ich oft an der Tür der Station, habe hinaus in den Eingangsbereich geschaut und mich dabei wie ein kleiner, dummer Junge gefühlt. Als erwachsener Mann nicht den Mut zu haben, einfach hinauszugehen, um sich in den Eingangsbereich zu setzen und auf die Straße zu sehen. Aus Angst, negativ aufzufallen und gegen eine Regel zu verstoßen.

Die Regeln sind ein Thema für sich, auf das ich zu einem späteren Zeitpunkt eingehen möchte und erläutern werde, welche Regeln es gab und was bei Verstößen passierte.

Wir liefen überall im Gänsemarsch hin und ich war den ganzen Tag mit Menschen zusammen. Der einzige Zufluchtsort, wenn man allein sein wollte, war – so traurig es auch klingt – die Toilette. Nach dem Frühstück ab 7.45 Uhr folgte die Durchführung von Verordnungen wie zum Beispiel eines Fußbads mit saurem Kali gegen Fußpilz. Diese Verordnung war Standard und hat so gut wie jeder in Anspruch nehmen müssen. Um 8.15 Uhr stand dann die Visite im Zimmer an. Dabei durfte man weder Schlafanzug noch Freizeitbekleidung tragen, so stand es auf dem Tagesablaufplan. Dinge wie diese kamen mir seltsam vor. Zu den Visiten wartete jeder

Patient fast sehnsüchtig auf die Nachricht, er könne in den Langzeitbereich wechseln. Aber eine Woche war der Mindestaufenthalt auf der Aufnahmestation.

Dazu standen auch noch die täglichen Gruppengespräche im kleinen Pavillon an. Dort qualifizierte man sich für einen Wechsel in den Langzeitbereich. Diese Gruppengespräche fanden wochentags von 9.00 Uhr bis 9.45 Uhr und von 13.30 Uhr bis 14.20 Uhr statt. Von 10.15 Uhr bis 10.45 Uhr erfolgte täglich ein kleiner Spaziergang. Im Anschluss, von 11.00 Uhr bis 11.45 Uhr, musste man zur Gruppentherapie mit wechselnden Themen wie beispielsweise Arzt, Informationen, Backen, Teamleiter und Sozialdienst erscheinen. Um 12.05 Uhr war das Mittagessen mit der Medikamentenausgabe von 12.30 Uhr bis 13.00 Uhr angesetzt. Danach folgten von 12.45 Uhr bis 13.15 Uhr weitere Verordnungen. Von 14.30 Uhr bis 15.15 Uhr begaben wir uns auf einen großen Spaziergang, danach um 16.30 Uhr zu einer Kreislaufkontrolle. Um 17.30 Uhr gab es Abendessen mit einer erneuten Medikamentenausgabe und weiteren Verordnungen von 18.30 Uhr bis 19.15 Uhr. Anschließend fanden der Gruppenabend bis 20.00 Uhr und eine letzte Kreislaufkontrolle statt. Um 21.50 Uhr war Nachtruhe auf der Aufnahmestation.

Der Tagesablauf war straff durchorganisiert. Dazu gab es sechs Rauchpausen: von 7.45 Uhr bis 8.00 Uhr, von 10.45 Uhr bis 11.00 Uhr, von 12.45 Uhr bis 13.00 Uhr, von 15.30 Uhr bis 15.45 Uhr, von 18.15 Uhr bis 18.30 Uhr und die letzte von 21.15 Uhr bis 21.30 Uhr. Sollte ein Raucher aus welchen Gründen auch immer nicht pünktlich an der Tür der Aufnahmestation gewesen sein, hatte er Pech und Glück zugleich. Denn die nächste Rauchpause kam, wenn nicht mehr an diesem Tag, dann am nächsten. Zum Glück bin ich Nichtraucher. Ich habe mich den Rauchern aber dennoch manchmal angeschlossen, um aus der Station herauszukommen.

Am Abend saßen wir meist zusammen und spielten Gesellschaftsspiele bei Tee und Kaffee. Ich habe beim Spielen oft daran gedacht, dass es noch nicht allzu lange her war, dass ich einen Doppelten neben mir stehen gehabt hatte. Es war ein unbeschreibliches Gefühl. Auf einmal schmeckte sogar ein schöner, frisch aufgebrühter Pfefferminztee. Sie werden es mir nicht glauben, aber an so eine Situation wäre zehn Tage zuvor nicht zu denken gewesen. Wenn mir das vor der Therapie jemand gesagt hätte, hätte ich ihn doch glatt für verrückt erklärt.

Neben einem Tagesablaufplan für Montag bis Donnerstag, für Freitag und für das Wochenende erhielt jeder neue Patient eine Suchtfibel sowie einige Hinweisblätter wie zum Beispiel ›Die sieben goldenen Regeln für die Gruppe. Hilfreiche Regeln für das Leben in der Gruppe‹, die Kleiderordnung, eine Rauchererklärung, die Essenszeiten für Patienten und die Zeiten für die Medikamentenausgabe. Wie Sie sich vorstellen können, war das eine Menge Neues für den ersten Tag.

Es ging sofort am ersten Tag mit diesem Tagesablauf los. Ich hatte kaum Zeit, meine Sachen zu verstauen, schon war die erste Gruppentherapie. Wir Patienten konnten einer Ärztin Fragen zur Alkoholsucht und deren Auswirkungen stellen. Ich erinnere mich gut daran, dass die Patienten, die schon öfter eine Langzeittherapie gemacht hatten, viel redseliger waren als wir, die das erste Mal in so einer Gruppe saßen.

Mir war diese Form der Unterhaltung ganz und gar fremd. Ich sagte nicht einen Ton, um ja nicht aufzufallen, und machte mich klein. Verstecken konnte ich mich ja nicht, da wir alle im Kreis sitzen mussten. Diese runde Form zog sich wie ein roter Faden durch alle Gesprächstherapien.

Nach der Mittagspause hatte ich ein langes Aufnahmegespräch mit einem Psychologen. Er war ein etwas älterer Herr und ich stand ihm zunächst argwöhnisch gegenüber, da ich glaubte, dass er mich nur aushorchen wollte. Er verstand es aber geschickt, die Informationen, die er brauchte, in einem lockeren Gespräch mit mir zu erhalten. Ich muss dazu sagen, dass der Herr ein angenehmes Wesen hatte. Ich hatte bei ihm nicht das Gefühl, als Alkoholiker betrachtet zu werden. Außerdem suchte er auch nach positiven Dingen in meinem Leben.

In diesem Gespräch sollte herausgefunden werden, welchem der drei Teams ich nach der Zeit auf der Aufnahmestation zugeteilt werden sollte. Die Zuteilung der Teams erfolgte nach bestimmten Kriterien. Ausschlaggebend war das Alter, wie viele Therapien der Patient schon absolviert beziehungsweise abgebrochen hatte und sicherlich war auch das bisherige soziale Umfeld von Bedeutung. Da ich mit meinem Übergewicht zu kämpfen hatte, äußerte ich in diesem Gespräch den Wunsch, auch während meines Aufenthaltes auf der Aufnahmestation den Hometrainer auf der Entgiftungsstation benutzen zu dürfen. Der Arzt war sehr zugänglich und gestattete mir, dass ich dem Hometrainer dreimal für zwanzig Minuten am Tag einen Besuch abstatten durfte. Ich bekam einen Zettel, auf dem das Pflegepersonal der Entgiftungsstation meine Anwesenheit durch Unterschrift mit Zeit und Datum quittieren musste. Einem Alkoholiker kann man eben nicht vertrauen. Ich hätte mich in der Zeit schließlich auch sonst wo aufhalten können.

Aus den zwanzig Minuten sind dann aber locker auch fünfundvierzig geworden. Auf jeden Fall war die Zeit auf dem Hometrainer eine willkommene Abwechslung für mich.

Zum Abendessen im großen Speiseraum hieß es: Antreten und ab im Gänsemarsch. Nach dem Abendessen kam ich dann endlich dazu, meine Sachen auszupacken. Nach 20 Uhr war es dann Zeit, um mein Telefonat zu führen. Aber was sollte ich sagen? Es hatte sich in den letzten Stunden nicht viel Neues bei mir ergeben. Für mich war es wichtiger, zu erfahren, dass zu Hause alle gesund und munter waren. Es war schon eigenartig. Als ich noch unter dem Einfluss des Alkohols gestanden hatte, hätte ich mir sicherlich keine Sorgen gemacht. Ich hätte mich höchstens gefragt, woher ich meinen Stoff bekomme und wie ich diesen unbemerkt trinken kann.

Auf der Station gab es einen Aufenthaltsraum mit Kaffeemaschine, einem kleinen Kühlschrank und einem Radio. Das war der Raum, in dem wir Patienten uns abends trafen. Jeder wusste etwas Neues, das er irgendwo aufgeschnappt hatte, oder es wurden die Verlegungen in den Langzeitbereich diskutiert. Dabei spielten wir meist ›Mensch ärgere dich nicht‹ oder Karten. Es war die Zeit, in der wir etwas abschalten konnten. Immer gelang mir das allerdings nicht, denn in Gedanken war ich oft zu Hause. Ich fragte mich immer und immer wieder, was ich jetzt wohl zu Hause machen würde. Sicher hätte ich schon wieder genug Alkohol intus gehabt. Aber eigenartigerweise stellte ich mir immer vor, wie es gewesen sein könnte, wenn ich nüchtern gewesen wäre. Das machte mich phasenweise so traurig, dass ich am liebsten meine Sachen gepackt hätte und verschwunden wäre. Gleichzeitig sagte ich mir aber immer wieder: »Du und nur du hast dir das selbst eingebrockt mit deiner Sauferei, also musst du jetzt da durch.«

Eine Unmenge an Eindrücken und Informationen strömte auf mich ein, die ich erst einmal ganz und gar nicht verarbeiten konnte. Ich war es auch nicht gewohnt, plötzlich mit elf Menschen, die ich noch nie gesehen hatte, den ganzen Tag zu verbringen. Einige befanden sich schon seit über einer Woche in der Aufnahme und hofften, baldmöglichst in den Rehabereich wechseln zu können. Diese Patienten waren – im Gegensatz zu mir – genervt. Dazu gab es die ›alten Hasen‹.

Ihnen fiel die Situation nicht mehr so schwer, denn sie kannten sich schon aus. Sie sahen das alles nicht so verbissen wie ich als ›Frischling‹.

Man versuchte, sich zurückzuziehen, doch irgendwann erwachte in allen Patienten das Bedürfnis, mit jemandem zu sprechen. Jemandem einfach sein Herz auszuschütten und sich mitteilen zu können. Man fühlte sich einsam und verlassen, ja sogar hilflos. So erging es mir jedenfalls. Und dann waren da die Äußerungen der ›alten Hasen‹, die Angst machten. Es war die Angst vor dem Ungewissen, vor dem, was einem in der Therapie widerfahren würde. Diese Angst machte verschlossen. Auch wenn man es gar nicht wollte, führte sie zu einer Abwehrhaltung. Jede Information, die man ergattern konnte, konnte hilfreich sein, um so unbeschadet wie möglich durch diese Zeit in der Klinik zu kommen. So sah ich es jedenfalls in den ersten Tagen während meines Aufenthaltes auf der Aufnahmestation.

Ein Mensch, der in der Sucht steckt, ist immer zuerst skeptisch, was Neues angeht. Er wird nicht gleich jedem Therapeuten um den Hals fallen und jubeln: »Ja, ihr seid die Guten! Ihr wollt mir nur helfen.« Nein, ich bin mir sicher, dass die Therapeuten in einer Suchtklinik das mit Sicherheit nicht erleben. Denn die alten, eingefahrenen Suchtgewohnheiten sind noch im Kopf. Und sie werden auch nicht so schnell verschwinden, wenn sie überhaupt je verschwinden.

Hier hatte ich mich an festgelegte Zeiten zu halten – diese Regelmäßigkeit kommt schnell abhanden, wenn der Lebensrhythmus von einer Sucht bestimmt wird. Ich musste auf fremde Menschen in der Gruppe und auf das Pflegepersonal Rücksicht nehmen. Das war eine neue Herausforderung, denn sonst hatte immer nur mein eigenes Verlangen im Vordergrund gestanden. In meiner Sucht hatte es nicht viel Platz gegeben, um auf andere Rücksicht zu nehmen. Das waren Er-

fahrungen, die ich neu sammeln musste. Durch den Alkoholmissbrauch hatte ich vieles weitestgehend verlernt. Ich wollte
ja keine Fehler machen. Die Angst, negativ aufzufallen, war
in den ersten Tagen ein ständiger Begleiter. Zudem saßen mir
die Regeln, die es einzuhalten galt, im Nacken. Im Alltag der
Sucht war das Wort ›Regeln‹ bei mir und mit Sicherheit bei
den meisten Betroffenen nicht mehr oder nur noch teilweise
vorgekommen. Es hatte nur einen Lebensinhalt gegeben: Woher, wie viel, was, welche Sorte und nicht zu vergessen: Wann
endlich ist der ersehnte Zeitpunkt?

Der Dienstag kam und damit die erste Gruppentherapie.
Es war keine Arzt- oder Teamleiterinformation, kein Sozialdienst, nein, eine Gruppentherapie, wie sie auch später im
Langzeitbereich stattfinden würde. Diese Gruppentherapie
dauerte jedoch lediglich fünfzig Minuten. Eine Gruppentherapiestunde im Langzeitbereich dauerte hingegen eineinhalb
Stunden. Zu Beginn der Therapiestunde kam der Moment,
in dem sich alle vorstellen mussten. Den Patienten, die schon
einige Tage da waren und diese Prozedur schon öfter hinter
sich hatten, fiel das natürlich leichter. Selbst hier in der Runde
ließen uns die ›alten Hasen‹ erkennen, dass sie schon jede
Menge Erfahrung hatten.

Für mich war das alles neu. So war ich den Fragen der anderen Gruppenmitglieder ausgesetzt, es gab kein Ausweichen
mehr. Es hieß Farbe bekennen zu Alkoholart, Trinkmenge,
Tageszeit, ob schon früh am Morgen und noch vieles mehr.
Es waren unangenehme Fragen, von denen ich dachte, dass
sie niemanden etwas angehen würden. Ich ahnte nicht, dass
dasselbe Spiel in dem herbeigesehnten Langzeitbereich so
weitergehen sollte.

Wie ich schon erwähnte, gab es neben den Gruppenthera-
pien auch Spaziergänge – einen kleinen und einen großen.
Die Spaziergänge ähnelten sich und fanden immer in Be-

gleitung eines Pflegers statt, damit sich alle an die vorgegebenen Regeln hielten. Dennoch waren sie eine willkommene Abwechslung.

Das Einzige, was nicht nur mich störte, war, wie man von den Leuten in der näheren Umgebung angesehen wurde. Ich konnte in ihren Gesichtern ablesen, was sie über uns dachten. Vielleicht klingt es übertrieben, aber im Mittelalter wurden bestimmt so die Aussätzigen angesehen. Damals schämte ich mich, was auch für eine ganze Weile so bleiben sollte. Ich kann aber jedem Alkoholiker und dessen Angehörigen versichern, dass sie sich nicht zu schämen brauchen, denn Alkoholsucht ist eine anerkannte Krankheit.

Auf den Spaziergängen fühlte ich auch Wehmut und immer wieder das elende Gefühl, eingesperrt zu sein. Viele beschrieben die Klinik als Käseglocke – nicht nur Patienten, auch Therapeuten benutzten diesen Ausdruck, um darzustellen, dass der Patient in der Klinik wohlbehütet war.

Jeden einzelnen Tag möchte ich nicht beschreiben, denn das würde zu langweilig werden, da sich die Tage auf der Aufnahmestation sehr ähnelten. Wer dann endlich in den Langzeitbereich wechseln durfte, das entschieden die Psychologen und Ärzte immer am späten Nachmittag eines jeden Wochentages. So spekulierten wir jeden Abend, wer uns am nächsten Tag verlassen würde.

Die erwähnten Gruppengespräche wurden meist von einem jungen Doktor der Psychologie geleitet. Dieser setzte etwas Bestimmtes für den Wechsel voraus. Er war regelrecht darauf erpicht, dass sich jeder Patient als Alkoholiker oder als Mehrfachabhängiger outete. Wer dazu nicht bereit war, der durfte auch gern bis zu zwei Wochen auf der Aufnahmestation verbringen.

Sie werden sicher denken, dass es doch selbstverständlich

ist, dass man ein Suchtproblem hat, wenn man in einer Sucht-klinik ist. Es gab aber noch die Patienten, die unter Auflage in der Suchtklinik waren. Einige von ihnen sagten dann: »Ich bin kein Alkoholiker! Ich trinke maximal fünf Bier am Tag!« Sie sahen ihre Abhängigkeit einfach nicht ein. Zum einen stimmte diese Aussage meist nicht und zum anderen ist man auch mit fünf Bier am Tag schon abhängig. Diese Aussage wollte der Doktor also nicht hören.

Dieses Hin und Her ging über einige Tage, bis diese Pa-tienten ein Einsehen hatten und sich doch als Alkoholiker outeten. Es blieb ihnen in diesem Moment schließlich nichts anderes übrig, als sich zu ihrer Sucht zu bekennen. Hätten sie sich nicht bekannt, hätte das einen Abbruch der Thera-pie bedeutet und somit auch Konsequenzen für das weitere Leben. Eine Form dieser Konsequenzen waren Sanktionen vom Arbeitsamt, denn einige Patienten mussten diese The-rapiemaßnahme unter Auflage des Arbeitsamtes absolvieren.

Warum wir alle so schnell wie möglich in den Langzeit-bereich wollten? Es lebte sich dort einfach freier! Im Lang-zeitbereich konnte der Patient mit zwei Mitpatienten in den Ausgang gehen. Raucher konnten außerhalb der Therapiezeit rauchen, was für starke Raucher nicht zu unterschätzen ist. Der Patient war in seiner Beweglichkeit nicht mehr so ein-geschränkt wie auf der Aufnahmestation. Dort habe ich mich wie weggesperrt gefühlt und den anderen ging es ähnlich. Das schlug sich auf die Stimmung in der Gruppe nieder. Besonders gereizt waren die Patienten, wenn einer, der später auf die Aufnahmestation gekommen war, früher in den so ersehnten Langzeitbereich wechseln durfte. Dann kam es oft zu Streitigkeiten, die nicht selten mit verbalen Gehässigkeiten ausgedrückt wurden. Gerade Patienten, die mehr Erfahrung mit Langzeittherapien hatten, wurden dann oftmals sehr aus-fallend. Äußerungen wie »Ihr werdet sehen, die machen euch da drüben rund! Ihr werdet noch heulen!« waren dann an der Tagesordnung. Sie sollten recht behalten, denn die ein oder andere Träne konnte man bei den Patienten durchaus sehen.

Ein weiteres positives Merkmal des Langzeitbereiches war, dass man dort die Möglichkeit hatte, sich in seiner Freizeit zurückzuziehen, ohne den Gruppenzwang der Aufnahmestation zu spüren. Es bestand die Chance, sich ein stilles Plätzchen auf dem Klinikgelände zu suchen, ohne dass man damit rechnen musste, dass im nächsten Moment jemand zur Tür hereinkam. Das war auf der Aufnahmestation nicht möglich. Dort war man schließlich Tag und Nacht mit anderen Personen auf engstem Raum zusammen.

Mit dieser Schilderung möchte ich deutlich machen, dass es bei dieser Form der Aufnahme sehr schwer war, sich auf sich selbst zu besinnen. Es fehlte die Ruhe. Selbst am Wochenende hatte man damit zu tun, Fragebögen auszufüllen und seine Lebensgeschichte aufzuschreiben.

Glücklicherweise hatte ich durch mein Training auf dem Hometrainer etwas Abwechslung und so lernte ich einen älteren Herrn kennen, mit dem ich mich sehr gut verstand. Er bot mir an, am Abend von seinem Telefon aus zu telefonieren. Das war herrlich, obwohl ich eine Regel brach. Dennoch, diese Chance konnte ich mir einfach nicht entgehen lassen. Es war so schön, die Stimmen meiner Familienangehörigen zu hören. Zu wissen, dass zu Hause alles in Ordnung war. Es baute mich ungemein auf und half mir so über die schwere Situation hinweg.

Einen Fernseher, um sich abzulenken, gab es auf der Aufnahmestation natürlich nicht. Mich persönlich hat das nicht weiter gestört, habe ich doch auch zu Hause nur selten ferngesehen. Dort ging mein Tag meist schon um 20 Uhr zu Ende, denn dann war ich vom Alkohol geschafft.

Bevor ich mit meinem Bericht über meinen Aufenthalt im Langzeitbereich fortfahre, möchte ich die Regeln in dieser Klinik beschreiben, denn jede Klinik hat ihre eigenen Regeln.

Die Regeln der Klinik, in der ich meine Therapie absolvierte, standen auf einem A4-Blatt geschrieben, das jeder Patient bekam:

»Zur besonderen Beachtung! Regeln und Grenzen in der Therapie

Der Wochentherapieplan Ihres Teams regelt die Therapiezeiten. Während Ihres Aufenthaltes ist es notwendig, sich an Regeln zu halten. Wenn Sie gegen ausdrückliche Regeln verstoßen, handeln Sie sich als Konsequenz eine sogenannte ›Gelbe Karte‹ ein. Nach 4 ›Gelben Karten‹ findet ein gemeinsames Krisengespräch zwischen Ihnen, Ihrem Gruppentherapeuten, Ihrem Teamleiter und dem zuständigen Oberarzt statt.

Eine 5. ›Gelbe Karte‹ bedeutet die Entlassung aus der Klinik nach Abstimmung mit dem zuständigen Leistungs-/Kostenträger.

Um Sie in die Lage zu versetzen, Verantwortung für Ihr Verhalten und dessen Konsequenzen zu übernehmen, bitten wir Sie, die nachfolgenden Gesichtspunkte genau zu beachten:

Als Konsequenz für ein Missachten der Therapieordnung handle ich mir eine ›Gelbe Karte‹ ein, wenn ich:

- mit meinem Arzt/Therapeuten schriftlich vereinbarte Auflagen nicht einhalte
- an einer Therapieeinheit nicht teilnehme
- während der Therapiezeit einkaufe (z. B. bei Spaziergängen)
- während der Therapiezeit rauche
- mich nicht an die Ausgangsregeln halte (dazu zählt auch

das nicht ordnungsgemäße Eintragen in das entsprechende Ausgangsbuch)

- nicht an den Mahlzeiten teilnehme (Ausnahme: Samstag- und Sonntagabend sowie Sonntagvormittag nach fristgerechter Voranmeldung bei meinem Gruppentherapeuten)
- nicht die Nachtruhe zwischen 22.30 Uhr (Samstag 23.30 Uhr) und 6.00 Uhr einhalte
- außerhalb der Rauchzeiten und/oder -zonen rauche (siehe Informationstafel)
- im Wohnbereich offenes Feuer, wie beispielsweise Kerzen, benutze
- außerhalb der Teeküche im Wohnbereich Kaffee, Tee oder heiße Getränke aufbewahre, zubereite oder konsumiere
- Patienten unter dem Gesichtspunkt des Suchtmittelrückfalls, sexuellen Kontaktes oder Gewalttätigkeiten decke (in gravierenden Fällen kann dies zur Entlassung führen)
- als Schlüsselverantwortlicher gegen die Regelung ›Nutzung therapeutischer Bereiche in der Freizeit‹ (4-Personen-Regelung) verstoße.

Die Therapieordnung nicht einzuhalten, zeigt auf, wo Sie noch Probleme haben. Wir betrachten das als einen Rückfall in altes, selbstschädigendes Verhalten und verstehen es als Hilferuf und Möglichkeit zu überprüfen, welche inneren Konflikte Sie durch das Missachten der Therapieordnung versuchen, zu lösen, ähnlich wie früher durch Einnahme Ihres Suchtmittels.

Die Suche nach Konsequenzen ist eine therapeutische Hilfe, bessere, ›nicht süchtige‹ Lösungen für Konfliktfälle zu suchen. Alles, was in einem Menschen an Gefühlen, Fantasien und Wünschen steckt, ob Wut, Hass, Neid, Missgunst, Angst oder Schmerz, ist menschlich. Unmenschlich ist es, dies nicht anzuerkennen und SICH somit Gewalt anzutun.

Unmenschlich ist es auch, sich all dem willenlos auszuliefern.«[2]

Als ich damals diese Zeilen zum ersten Mal las, war ich erschrocken. Ich fragte mich, wo ich hier gelandet war. Dazu kamen die Geschichten der Patienten, die schon einige Zeit in der Klinik absolviert hatten. Sie hatten ihre Erfahrungen gemacht und vielleicht sogar ein oder zwei ›Gelbe Karten‹ kassiert. All meine Gedanken kreisten nur um eines: bloß keinen Fehler machen.

Und dann wurde ich gleich wieder gewarnt. Alles, was man hier sagte, sollte man sich gut überlegen. Die Vorsicht der anderen steckte mich richtig an. Man wurde verunsichert, auf der ganzen Linie. Selbst die schriftlichen Ausarbeitungen, so der Rat der ›alten Hasen‹, sollte man noch einmal als Durchschrift haben, denn wenn man im Laufe der Therapie zweimal dieselbe Frage gestellt bekam, konnte man sie auf die gleiche Weise beantworten. Abweichungen der Antworten konnten sonst neue, unliebsame Fragen aufwerfen. Warum widersprach man sich? Es konnten neue Erkenntnisse ans Tageslicht kommen und einen neuen, seelischen Schmerz verursachen. Aus diesem Grund besorgte ich mir schnellstmöglich Blaupapier, damit ich eine Durchschrift machen konnte.

Beim Brechen einer Regel bekam man nicht nur eine ›Gelbe Karte‹. Nein, man musste sie beantragen. Zu einer ›Gelben Karte‹ konnte man schnell kommen. Wenn man zum Beispiel beim Eintragen ins Ausgangsbuch die Uhrzeit vergessen oder nicht unterschrieben hatte, bekam man ›Gelb Nummer 1‹. Hatte man während des Spaziergangs eine Zigarette geraucht und war dabei erwischt worden, gab es ›Gelb Nummer 2‹. War man auf dem Weg an einer Einkaufsgelegenheit vor-

---

2   Haus- und Therapieordnung der Soteria Klinik. Die Rechte liegen bei der Soteria Klinik.

beigekommen, hatte sich schnell eine Limo geholt und war durch Zufall vom Pflegepersonal gesehen worden, erhielt man ›Gelb Nummer 3‹. Als Patient war man dann glücklich, nach eineinhalb Stunden Spaziergang unbeschadet zurück in der Klinik zu sein. Man hatte es geschafft, die drei ›Gelben‹ zu umgehen, und dann passierte es: Der Patient schrieb sich, aus welchen Gründen auch immer, nicht ordnungsgemäß in das Ausgangsbuch. Schon hatte er sich das Recht erworben, seine erste ›Gelbe Karte‹ zu beantragen.

Besonders für Raucher waren die ›Gelben Karten‹ tückisch. Die Gruppe hatte beispielsweise einen Therapieausfall. Als Raucher hatte man das Verlangen nach einer Zigarette und begab sich ordnungsgemäß in eine der Raucherzonen. Bis zu diesem Zeitpunkt war noch alles in Ordnung. Nur Rauchen, das durfte der Raucher nicht. Und wenn doch? Dann kam mit Sicherheit genau in dem Moment ein Therapeut vorbei, dem das nicht passte. Schon erhielt man die nächste ›Gelbe Karte‹. Es konnte also sehr schnell gehen, dass Farbe ins Spiel kam. Die ganze Vielzahl an Möglichkeiten, sich eine ›Gelbe Karte‹ einzuhandeln, hier aufzuführen, wäre zu umfangreich.

War man erst einmal ertappt worden, kam das größere Übel: Der Vorfall wurde in der Gruppe besprochen und ausgewertet. Der Ertappte musste Rede und Antwort zum Regelverstoß stehen. Eine Gruppe setzte sich, wenn sie voll belegt war, aus zwölf Patienten und einem Gruppentherapeuten zusammen. Die ›Gelben Karten‹ wurden vom Betroffenen selbst bei einer Vollversammlung (VV) beantragt.

Eine Vollversammlung war ein Treffen von vier Gruppen, auch Teams genannt. Bei der VV waren dann etwa achtundvierzig Patienten und mindestens vier Therapeuten der jeweiligen Gruppen anwesend. Es konnten aber auch noch andere Therapeuten wie zum Beispiel Sport- oder Musiktherapeuten anwesend sein. Nun bestand die Pflicht, die ›Gelbe Karte‹

zu beantragen, indem man sich von seinem Stuhl erhob und seinen Namen sagte. Ich musste dann »Hönemann« und meinen Status »Alkoholiker« sagen. Der Status war wichtig, da in diesem Raum auch Mehrfachabhängige und Therapeuten anwesend waren.

Nach der Vorstellung folgte dann der Satz: »Hiermit beantrage ich eine ›Gelbe Karte‹, da ich einen Regelverstoß begangen habe.« Dann wurde geschildert, um welchen Regelverstoß es sich handelte. Die anderen VV-Teilnehmer hatten im Anschluss die Möglichkeit, Fragen zu stellen. Zum Abschluss musste eine Wiedergutmachung angekündigt werden, die sich der Patient bis zur nächsten VV überlegen und sie dort bekannt geben konnte.

Eine Wiedergutmachung konnte zum Beispiel sein, für ein neues Gruppenmitglied eine Patenschaft zu übernehmen oder andere gemeinnützige Tätigkeiten zu erfüllen. Bei der nächsten VV gab es dann Rückmeldung, wie die Wiedergutmachung bei den anderen VV-Teilnehmern angekommen war. Es gab sowohl positive als auch negative Rückmeldungen. Die ›Gelbe Karte‹ erlosch aber nicht, nachdem die Wiedergutmachung durchgeführt worden war. Sie blieb demjenigen bis zum Therapieende erhalten.

Im Nachhinein habe ich festgestellt, dass es sich mit diesen Regeln in der Klinik leben ließ, wenn man sich darauf einstellte. Mit ein wenig gutem Willen war es machbar, auch ohne eine ›Gelbe Karte‹ durch diese sechzehn Wochen zu kommen.

Wofür sind diese Regeln nun gut? Man kann und sollte sie als erzieherische Maßnahmen betrachten. Der Alkoholiker wird dadurch gezwungen, wieder Regeln einzuhalten. Somit wird die Integration in das trockene Leben erleichtert. Denn eins muss Ihnen bewusst sein: Ein Alkoholiker hält sich nicht an Regeln, die für ein normales, soziales Miteinander grundlegend sind. Er stellt immer seine Sucht in den Vordergrund. Das kann in den unterschiedlichsten Formen wie zum Beispiel Alkoholbeschaffung und dem schnellstmöglichen Weg in die Kneipe geschehen. Ich weiß, wovon ich spreche, denn mir ging es genauso. Ein Alkoholiker weiß natürlich, dass er Regeln und Grenzen verletzt, wird durch seine Sucht aber so gesteuert, dass er diese immer wieder missachtet. Er kann einfach nicht anders. Es ist, als sei man ferngesteuert.

In einer Klinik bietet sich dem alkoholkranken Menschen dann eine Möglichkeit, sich wieder an Regeln und Freude ohne Alkohol zu gewöhnen. Das wird er auch machen, vorausgesetzt, er ist ernsthaft an einem Leben in Abstinenz interessiert.

Es war eine ungeschriebene Pflicht, in bestimmten Situationen etwas in der VV vor zweiundfünfzig Anwesenden zu sagen, so zum Beispiel bei seiner eigenen Vorstellung oder bei Verabschiedungen. Niemandem war wohl dabei, bei einer VV etwas zu sagen, darum wurde schon in der Gruppe bestimmt, wer sich zu Wort zu melden hatte. Dann konnte man sich schon seelisch und moralisch darauf vorbereiten. Vor jeder VV fand eine Gruppensprecher-Versammlung statt. Dort wurden die Punkte durchgegangen, die angesprochen werden mussten. Es ging um Vorstellungen, Verabschiedungen und natürlich darum, wer dazu eine Rückmeldung zu geben hatte.

Ich erinnere mich nicht mehr an den Anlass, doch auch ich musste mich zu Wort melden. Da es mir damals absolut nicht lag, vor so vielen Menschen zu sprechen, war ich wie gelähmt. Ich konnte einfach nicht aufstehen. Mein Kopf war leer. Ich wusste nicht mehr, was ich sagen sollte. Schweiß rann mir von meiner Stirn, sodass ich ihn immer wieder abwischte. Die VV verging und ein anderer musste für mich einspringen. Nachher bekam ich mächtig Ärger und fühlte mich wieder einmal wie ein Versager.

Im Langzeitbereich

Im Langzeitbereich wohnte man ebenfalls in Doppelzimmern mit Dusche und WC. Der Fernseher befand sich in einem eigenen Raum. Es gab festgeschriebene Fernsehzeiten und ein Programm. Man konnte täglich von 19.00 Uhr bis 22.15 Uhr, samstags von 13.00 Uhr bis 23.15 Uhr sowie sonntags von 13.00 Uhr bis 22.15 Uhr fernsehen. Das Fernsehprogramm wurde von den Gruppen ausgesucht und musste mit allen Gruppen besprochen werden. Dieses Programm war dann bindend. Die einzige Ausnahme war, wenn man allein im Raum war, dann hatte man die freie Wahl. Sollte aber ein Patient dazukommen und die Sendung sehen wollen, die ausgeschrieben war, musste das Programm geändert werden.

Für die Sauberkeit im eigenen Zimmer waren die Patienten verantwortlich, also war Putzen angesagt. Hinzu kamen andere Aufgaben zur allgemeinen Sauberkeit im Haus und Außengelände in der Freizeit. Diese hielten sich aber in Grenzen, sodass man nicht sagen konnte, dass einem die Freizeit extrem beschnitten wurde.

Für viele Patienten waren insbesondere die Möglichkeiten der Freizeitgestaltung wichtig. In der Soteria Klinik standen den Patienten Gymnastikräume, BT-Räume zum Basteln, Flechten und so weiter, eine Sauna, eine Turnhalle und eine Schwimmhalle zur Verfügung. Außerhalb der Therapiezeiten musste man die Vier-Personen-Regelungen beachten, wenn man diese Angebote nutzen wollte. Das heißt, die Nutzung war nur gestattet, wenn sich mindestens vier Personen gleichzeitig in dem jeweiligen Raum befanden. Wurde diese Regel nicht eingehalten, zog das Konsequenzen nach sich und wurde als Regelverstoß mit einer ›Gelben Karte‹ geahndet.

Da ich gern schwimmen ging, war ich stets auf der Suche nach drei Mitpatienten, die mich ins Schwimmbad begleiteten. In dieser Klinik waren einhundertvierundvierzig Patienten, wenn der Langzeitbereich voll belegt war. Trotzdem hatte ich Mühe, drei Mitpatienten zu finden. Darüber regte ich mich auf, da uns die Schwimmhalle kostenlos zur Verfügung stand und sich gleichzeitig viele Patienten beschwerten, dass sie keine Möglichkeiten hätten, solche Einrichtungen in ihrem privaten Umfeld zu nutzen. Man könnte nun denken, dass sich die Patienten bei der Vielfalt an Möglichkeiten auf die einzelnen Interessengebiete verteilten. Da kann ich widersprechen. Die Mehrzahl der Patienten war auf der ›Flucht‹: Sie gingen oft spazieren oder waren mit Kaffeetrinken und Rauchen beschäftigt.

Neben den Therapieterminen, Gruppensitzungen und der Freizeitgestaltung hatten wir auch schriftliche Ausarbeitungen zu erledigen. Gerade in der ersten Zeit sind diese schriftlichen Aufgaben für die Patienten sehr vielfältig und anstrengend. Das legte sich aber mit der Zeit. Ein Tagebuch musste bis ans Therapieende geführt werden. Dieses wurde dem Therapeuten jeden Tag zur Einsicht vorgelegt. Es oblag jedem selbst, wie viel er dort hineinschrieb und ob er sich seinem Therapeuten mitteilen wollte oder nicht. Sollte dem Therapeuten die Eintragung zu kurz oder nicht informativ genug gewesen sein, vermerkte er dies in dem Tagebuch und stellte Fragen.

Am ersten Tag im Langzeitbereich erhielt ich eine Teammappe, in der mir meine Aufgaben erläutert wurden. Auch hier wurde ich das Gefühl nicht los, es würde mich erschlagen, es wäre mir zu viel. Doch ich beantwortete alle Fragen in den Dokumenten, auch wenn meine Antworten nicht so ausführlich waren, wie es sich meine Therapeutin gewünscht hatte. Zudem gab es für einige schriftliche Ausarbeitungen Termine, auf deren Einhaltung sehr viel Wert gelegt wurde.

Diese Termine waren: Suchtvertrag I mit dem Gruppentherapeuten abschließen (bis zur nächsten Gruppentherapiestunde nach Erhalt der Unterlagen), Suchtbericht beim Gruppentherapeuten abgeben (spätestens am fünfzehnten Tag nach Erhalt, Ausgabetag mitgerechnet), Vorstellung des Suchtberichts in der Suchtgruppe mit Bekanntgabe der Entscheidung, ob man sich als suchtkrank anerkennt oder nicht, Stellungnahme zu den Rückmeldungen und Fragen zum Suchtbericht (in der Regel eine Woche später, ebenfalls in der Suchtgruppe), Suchtvertrag II abgeben und ein Therapiezielgespräch mit dem Gruppentherapeuten vereinbaren (Therapievereinbarung bis spätestens zum Ende der sechsten Woche abschließen).

Im Folgenden stelle ich Ihnen den Suchtvertrag vor, damit Sie sich ein Bild von dessen Inhalt und Ausmaß machen können.

»Suchtvertrag I – Gastvertrag

Ich weiß, dass die Entscheidung, ob ich suchtkrank bin oder nicht, für mich lebenswichtig ist. Für diese Entscheidung und die Konsequenzen, die ich aufgrund meiner Suchtkrankheit ziehen werde, bin ich selbst verantwortlich. Von anderen kann ich Erfahrungen und Informationen einholen, aber niemand kann mir die Entscheidung abnehmen. Bis ich die Entscheidung gefällt habe, ob ich suchtkrank bin oder nicht, habe ich einen Gaststatus in der Suchtgruppe. Ich verpflichte mich somit, Folgendes zu tun: Ich habe mich innerhalb der ersten Woche in der Teamvollversammlung (VV) mit meinem Lebensbericht vorzustellen. Ich werde die beiden folgenden Selbsthilfegruppen bei ihrer Vorstellung in der Klinik besuchen. [In dieser Zeile würden zwei Termine stehen und die jeweilige Selbsthilfegruppe] Ich werde spätestens am 15. Tag nach Erhalt dieses Vertrages (den Ausgabetag mitgerechnet) meinen Suchtbericht bei meinem/r Gruppentherapeuten/in abgeben. Der Suchtbericht sollte nicht mehr als 5–6 Seiten umfassen. Als Vorbereitung für den Suchtbericht werde ich folgende Themen bearbeiten und in Bezug auf mich selbst hinterfragen. Mein Arbeitsplan orientiert sich an folgendem Schema, täglich gebe ich das Resultat meiner Überlegungen bei meinem Gruppentherapeuten ab.

1.Tag   Entwicklung der Alkoholabhängigkeit – JELLINEK-Schema (Suchtfibel S. 108–123)

2.Tag   Körperliche Folgen der Abhängigkeit (Suchtfibel S. 124–130)

3.Tag   Verhaltensänderungen, Sexualität und Schuldgefühle bei Alkoholabhängigen (Suchtfibel S. 132–137)

4.Tag   Soziale, familiäre und berufliche Folgen der Abhängigkeit (Suchtfibel S. 140–144)

5.Tag   Missbrauch, körperliche und psychische Abhängigkeit (Suchtfibel S. 61+62, 91–95)

6.Tag   Körperliche und seelische Ursachen für die Entstehung der Abhängigkeit (Suchtfibel S. 65–68)

7.Tag   Die Rolle der Arbeit, der Eltern, der Konflikte in der Familie und Beruf und der Gesellschaft für die Entstehung der Abhängigkeit (Suchtfibel S. 69–76)

8.Tag   a) Enttäuschungen der Angehörigen durch Abhängige (Suchtfibel S. 138+139)
b) Co-Abhängigkeit (Suchtfibel S. 77–80)

9.Tag   Abstinenz und kontrolliertes Trinken (Suchtfibel S. 155-163, 222+223)

10.Tag   a) »Abwehr« in der Therapie (Suchtfibel S. 190+191) »Trockenrausch« – »nasses« Denken und/Verhalten (Suchtfibel S. 242–244)

11.Tag Medikamente: Missbrauch und Abhängigkeit (Suchtfibel S. 29–34, 97+98)

12.Tag Essverhalten – Essstörungen (2-seitiges Informationsblatt in dieser Mappe)

13.Tag Selbsthilfegruppen (Suchtfibel S. 209–212) 12-Schritte-Programm (v. a. Schritte 1–3)

14.Tag Rückfälle (Suchtfibel S. 224–241)

15.Tag Abgabe des Suchtberichts!

Wenn ich Fragen habe, werde ich mir aktiv Informationen einholen, indem ich auf meinen Paten, meine Mitpatienten und Therapeuten im Team zugehe.

WIE FASSE ICH MEINEN SUCHTBERICHT AB?

Auf folgende Fragen gebe ich in meinem Suchtbericht Antworten:

a) Wie habe ich mein Elternhaus erlebt?

Wie waren meine Eltern zueinander?

Wie erlebe ich meine Beziehungen zu meinem Vater bzw. meiner Mutter?

b) Wenn ich mir die Verhältnisse zu Hause (Elternhaus) vor Augen halte,

was für ein Mensch bin ich geworden und warum?

Wie schätze ich mich ein? (Stärken bzw. Schwächen)

Welche Suchtmittel habe ich zu mir genommen?

Alkohol: In welchem Zeitraum? Wie viel? Missbrauchsmuster!

Medikamente…………………………………………!

Drogen…………………………………………!

Anderes süchtiges Verhalten? (Essen, Spielen, Arbeiten, Kaufen, Fernsehen/Video usw.)

Schätze ich mich als süchtig ein? Woran erkenne ich das? Seit wann bin ich abhängig? (a. körperlich und b. psychisch)

Welche negativen Erlebnisse kenne ich im Zusammenhang mit der Einnahme von Suchtmitteln? (mehrere konkret beschreiben)

Was waren die Gründe bzw. Anlässe für den Suchtmittelkonsum? Welche Funktion hatte das Suchtmittel für mich?

Was war für mich der entscheidende Anlass, diese Therapie einzuleiten?

Was sind meine Therapieziele? (Konkrete Beschreibung der Ziele, die ich hier erreichen will)

Eine Woche nach dem Vortragen meines Suchtberichts in der Suchtgruppe beantworte ich die Rückfragen.«[3]

Ich war nun im Langzeitbereich angekommen. Da waren sie, elf neue Gesichter der Gruppenmitglieder und eine Therapeutin. Die neuen Eindrücke erschlugen mich fast. Ich möchte behaupten, fast jedem neuen Patienten wird dies erst einmal zu viel. Bei den meisten Patienten kommt dann eine depressive Stimmung auf. So war auch ich sehr bedrückt in dieser Zeit des Wechsels. Wieder war alles neu, ich wollte weiterhin nicht gegen die Regeln verstoßen und hatte nun auch noch den Schreibkram im Nacken.

An dieser Stelle möchte ich etwas Lobendes erwähnen, das mir in der Soteria Klinik sehr gut gefallen hat. Sicherlich ist Ihnen beim Lesen des Suchtvertrages Punkt vier aufgefallen, unter dem steht »[…] in dem ich auf meinen Paten […] zu-

---

3   Suchtvertrag I – Gastvertrag der Soteria Klinik. Die Rechte liegen bei der Soteria Klinik.

gehe«.[4] Was war also ein Pate? Ein Pate war ein Patient aus der jeweiligen Gruppe, der schon einige Zeit in der Klinik war und so schon Erfahrungen gesammelt hatte. Dieser Patient fungierte in der ersten Zeit als Bezugsperson.

Ich bekam eine Frau als Patin, die nett und sehr hilfreich war. Durch die vielen neuen Eindrücke, die in dieser kurzen Zeit auf mich eingeströmt waren, war eine gewisse Verunsicherung in mir entstanden, die sich in einer Unruhe äußerte. Auf der einen Seite wollte ich meine schriftlichen Aufgaben erledigen. Auf der anderen Seite suchte ich aber auch die Nähe der anderen Patienten, um mich nicht alleingelassen und einsam zu fühlen. Das war ein Hin und Her der Gefühle. Deshalb wurde ich von einer inneren Kraft dazu getrieben, mir einen Gesprächspartner zu suchen. Gerade in diesen Momenten ist ein Pate sehr hilfreich. Natürlich konnte ich meiner Mitpatientin nicht ständig auf die Nerven gehen. Sie war aber ein guter Anlaufpunkt, um auch mit anderen Patienten ins Gespräch zu kommen.

Da war auch noch mein Training auf dem Hometrainer, durch das ich mich im Umfeld anderer Patienten aufhielt, verbunden mit den Pflegekräften der Entgiftungsstation, zu denen ich ein freundschaftliches Verhältnis hatte. Und es gab auch Reiner, mit dem ich ab und zu einen Schwatz halten konnte. Aber auch er hatte seine eigenen Probleme und er war schließlich in einem anderen Team.

Im Gegensatz zu den Gefühlen im Alltag, in dem sich der Alkoholiker keiner Scham ergibt, da sein Schamgefühl durch den Alkohol herabgesetzt ist, wurde die Vorstellung in der VV von vielen Patienten als ein größeres Problem angesehen. Wie ich schon im Hinblick auf die ›Gelben Karten‹ beschrieben habe, saßen bei einer VV etwa fünfzig Personen in einem Pa-

---

4   Suchtvertrag I – Gastvertrag der Soteria Klinik. Die Rechte liegen bei
    der Soteria Klinik.

villon im Kreis. Man wurde also auf jeden Fall gesehen, sich zu verstecken, war nicht möglich. Es gab Patienten, die ihre Vorstellung lieber gleich hinter sich bringen wollten, und andere, die sie lieber so weit wie möglich hinausschieben wollten.

Ich wäre damals am liebsten gar nicht erst drangekommen, aber es nützte nichts. Im Regelfall folgte die Reihenfolge den Gruppen, angefangen mit Gruppe 1, beendet mit Gruppe 4. Da ich in Gruppe 2 war, kam ich recht früh an die Reihe. Ich stand auf, sagte »Hönemann, Alkoholiker« und hielt dann meinen Lebensbericht, den ich im Kopf haben musste. Von der Kindheit über das Elternhaus, den jetzigen Familienstand, den erlernten Beruf und die jetzige Tätigkeit. Es ging um die Trinkmengen und welche Art von Alkohol, zum Beispiel Bier oder Schnaps, ich zu mir nahm, bis hin zum Tag, an dem ich in diese Klinik gekommen war. Diese Prozedur musste jeder Patient hinter sich bringen. Sollten die Ausführungen einigen Therapeuten oder Patienten nicht gereicht haben – das war in der Regel so – war man im Anschluss seiner Rede den Fragen dieser neugierigen Personen ausgesetzt. Für mich war es furchtbar, die Blicke aller Anwesenden auf mir zu spüren. Am liebsten hätte ich mich in ein Mäuschen verwandelt. Es gab wohl nur sehr wenige Patienten, die in diesen Momenten nicht nervös waren oder sich ein rasches Ende herbeigesehnt haben. Mir ging es auf jeden Fall so und ich lüge nicht, wenn ich schreibe, dass ich jedes Mal froh war, wenn die VVs zu Ende waren und ich mich nicht zu Wort hatte melden müssen. Bei meinem Aufenthalt in meiner zweiten Langzeitreha sah das ganz anders aus, aber dazu an späterer Stelle mehr.

Bei den Verabschiedungen von Patienten, die ebenfalls in der VV stattfanden, waren die Patienten dann gelöster. Es wurden noch einmal die Ziele genannt, die sich der Einzelne gesteckt hatte, und es wurde erläutert, wie es im Leben weitergehen soll. Natürlich wünschten sich alle ein langes, abstinentes Dasein. Danach verabschiedeten sich alle anderen Patienten und die Therapeuten und gaben dem Patienten die besten und herzlichsten Wünsche mit auf den Weg. Es war ein ungeschriebenes Gesetz, dass sich dazu möglichst viele aus der eigenen Gruppe zu Wort meldeten. Wenn sich nur wenige meldeten, stand man danach oft als Depp da und bekam dies vermutlich auch in den Gruppen zu spüren.

Nun habe ich bereits über Regeln, ›Gelbe Karten‹, Freizeitgestaltung, den Suchtvertrag I sowie Teamvollversammlungen (VVs) mit Vorstellung und Verabschiedung berichtet. Bevor ich mit der Gruppentherapie und der Suchtgruppentherapie fortfahre, möchte ich noch die anderen Therapieeinheiten erwähnen. Diese stellten zu den erstgenannten eine Abwechslung dar. Zum einen gab es die Musiktherapie, in der musiziert, also zum Beispiel getrommelt oder Gitarre gespielt, wurde. Manchmal haben wir auch nur entspannt auf dem Boden gelegen und der Musik gelauscht. Dann gab es die BT, die Beschäftigungstherapie. Diese konnte Korbflechten, Töpferarbeiten mit Ton oder Malen beinhalten und in der Gruppe oder einzeln durchgeführt werden. Ich erinnere mich, dass wir einmal mit Fingeralufarben ein Bild auf einer langen Bahn Papier malen mussten, was zunächst schleppend voranging. Doch nach einiger Zeit hat es richtig Spaß gemacht und wir haben ein buntes Bild mit allen Farben durcheinander gemalt. Eine weitere Therapiemöglichkeit war die Bewegungstherapie, also Sport, jedoch kein Leistungssport. So wurden Volleyball, Federball, Ausdauerlauf und sogar Schwimmen mit einigen Spielen im Wasser angeboten. Auch Tischtennis und Radeln auf dem Hometrainer standen auf dem Programm. Das waren die Eckpfeiler der Therapie in der Soteria Klinik. Es gab auch noch andere Therapieeinheiten, die man aber nur auf Anweisung erhielt und die speziell auf jeden Patienten abgestimmt waren. Vorwiegend ging es dabei um die Behandlung von gesundheitlichen Problemen.

Im folgenden Abschnitt möchte ich nun zur Gruppentherapie kommen. In dieser Therapieform saßen wir auch im Kreis. Wenn eine Gruppe voll besetzt war, waren zwölf Patienten und ein Therapeut anwesend. Unsere Therapeutin begann die Therapieeinheit – eine Einheit dauerte eineinhalb Stunden – immer mit einer Befindlichkeitsrunde. Sie hatte dazu einen gelben Tennisball dabei. Ein Patient bekam den Ball und musste den Anfang machen. Danach warf er den Ball einem anderen Patienten zu, der dann fortfuhr. In dieser Befindlichkeitsrunde konnte jeder sagen, wie es ihm momentan ging. Welche Sorgen oder Ängste ihn beschäftigten. Er konnte sowohl über das, was ihn erfreut hatte, als auch über schwierige Situationen sprechen. So konnte sich unsere Therapeutin ein Bild machen. Danach wurde meist über das Leben eines Alkoholikers diskutiert. Dabei kamen unterschiedlichste Themen zur Sprache. Zum Beispiel ging es darum, in welchen Situationen es für einen Patienten in Zukunft schwer werden könnte, trocken zu bleiben. Bei welchen Arbeiten im privaten Umfeld war meist Alkohol zu sich genommen worden? Wie konnte man diese Arbeiten ohne Alkohol erledigen? Auch das Thema Alkohol in Lebensmitteln wurde häufig diskutiert. Die Palette der Themen war unerschöpflich. Zu einigen Punkten möchte ich später noch meine Meinung äußern.

Außerdem wurden Belastungsheimfahrten vorgestellt und darüber diskutiert, welche Dinge dabei zu beachten waren, um die bis zu diesem Zeitpunkt erlangte Abstinenz nicht in Gefahr zu bringen. Eine Belastungsheimfahrt war eine Heimfahrt für bis zu drei Tage, bei der man in seinem normalen Umfeld sehen konnte, wie man mit bestimmten Situationen umging. Dabei konnte es auch sein, dass der Patient Aufgaben bekam, wie zum Beispiel einen Besuch auf dem

Arbeitsamt oder in der Suchtberatung. Er sollte aber auch alltägliche Dinge tun, die er in nassen Zeiten auch getan hatte und die ihm ohne Alkohol schwergefallen waren. Diese sozusagen ohne Alkohol meistern.

Da ich meinen Aufenthalt in der Soteria Klinik früher beendete, kam ich nicht in den Genuss einer Belastungsheimfahrt. Diese Maßnahme konnte frühestens nach der achten Aufenthaltswoche stattfinden und war in der Regel an eine Aufnahme in die Suchtgruppe gebunden. Dazu stand weiterhin in der Teammappe geschrieben: »Pflichtbestandteile Ihrer Belastungsheimfahrt sind Besuche bei Ihrer Beratungsstelle, einer Selbsthilfegruppe und dem Arbeitgeber bzw. Arbeitsamt. Informieren Sie den zuständigen Gruppentherapeuten rechtzeitig (10–14 Tage vorher) über Ihre Terminabsprache.«[5]

Da ich miterlebte, wie einige Mitpatienten eine solche Heimfahrt beantragten und genehmigt bekamen, weiß ich, dass diese Regelung in der Soteria Klinik nicht ganz so streng gehandhabt wurde. Hier wurde schon im Vorfeld versucht, herauszufinden, in welchen Situationen es für den Patienten schwierig werden könnte, sodass auch auf einen oder zwei festgelegte Pflichtpunkte, wenn möglich, verzichtet werden konnte. So erhielten andere Punkte, die für den jeweiligen Patienten wichtigere Angelegenheiten waren, Vorrang. Dies war ein entscheidender Vorteil gegenüber meinen Erfahrungen in der zweiten Langzeitreha. Zudem wurde im Vorfeld in der Gruppentherapie ein Notfallplan erstellt. Eine solche Belastungsheimfahrt sollte schließlich möglichst das wahre Leben widerspiegeln. Als Alkoholiker musste man sich so den Herausforderungen des realen Lebens stellen. Man musste das, was man in der Klinik über sich und sein Verhalten herausgefunden hatte, umsetzen. Fehler, die in der Vergan-

---

5 Teammappe der Soteria Klinik. Die Rechte liegen bei der Soteria Klinik.

genheit gemacht worden waren und zur Alkoholabhängigkeit geführt hatten, sollten vermieden werden. Probleme und für die Abstinenz gefährliche Augenblicke mussten ohne Alkohol gelöst werden. Der Alkoholiker sollte außerdem den Kontakt zur Suchtberatung suchen, möglichst eine Selbsthilfegruppe aufsuchen.

An dieser Stelle stellt sich doch aber die Frage, ob man jeden Tag aufs Arbeitsamt, zur Suchtberatungsstelle oder sogar in eine Selbsthilfegruppe geht. Sicherlich nicht, denn das wahre Leben spielt sich im häuslichen Umfeld ab: auf der Arbeit, auf der Straße, im Park, wo auch immer, aber bestimmt nicht auf dem Arbeitsamt oder bei anderen Behörden. Es gibt für jeden Menschen schwierige Augenblicke oder Situationen. Der Alkoholiker nutzt den Alkohol in seiner nassen Zeit zum Stressabbau, aus Angst vor einer großen Menschenansammlung, aus Langeweile und so weiter als Hilfsmittel und Ablenkung.

Bevor ein Patient eine Belastungsheimfahrt antreten konnte, hatte er eine schriftliche Bilanz über den Stand der Therapie (über die Therapieziele, die Berufsperspektive, die Wohnsituation, die soziale und familiäre Situation sowie die Nachsorge) anzufertigen. Um solch eine bis zu dreitägige Belastungsheimfahrt genehmigt zu bekommen, bedurfte es also einigem Fleiß. Man konnte nicht einfach irgendetwas aufschreiben, sodass die Therapeuten etwas zu lesen hatten. Nein, diese wollten richtige Arbeit sehen.

Kam ein Patient von solch einer Belastungsheimfahrt ohne Rückfall wieder in die Gruppe zurück, wurde seine Heimfahrt gemeinsam ausgewertet.

Die Gruppentherapie war also in erster Linie dazu da, um über Probleme, Gedanken und Gefühle zu sprechen. Es ging darum, schwere Situationen im Leben eines Alkoholikers durchzusprechen, in denen er verstärkt oder überhaupt zum Alkohol gegriffen hatte. Ja, wir haben sogar Szenen einer Diskussion nachgespielt, mit der der Patient in seinem privaten Umfeld Schwierigkeiten hatte.

Bestimmt werden Sie jetzt denken, solche Ereignisse erzählt man doch niemandem. Wenn das jemand weitererzählt, wie steht man dann da? Ich kann Sie beruhigen: Auch hierfür gab es Regeln, denn alles, was in der Gruppe geschah, war streng vertraulich und durfte nicht nach außen getragen werden. Bei den Gruppenstunden bestimmten die Patienten die Themen, die besprochen werden sollten. Der Therapeut griff lediglich hilfreich ein und lenkte die Therapiestunden, sodass möglichst jeder zu Wort kommen und seine Ansichten äußern konnte.

Es konnte auch der Fall sein, dass der Therapeut die Aufgabe gab, dass die Patienten sich ein Thema für die nächste Gruppentherapiestunde überlegen sollten, um dieses dann in der Gruppe auszudiskutieren. Der Therapeut griff meist zu dieser Maßnahme, wenn er der Meinung war, ein Patient arbeite nicht genug in der Gruppe mit oder habe nun endlich auch ein Thema anzusprechen. Die neuen Patienten hatten meist eine kurze Schonfrist, aber irgendwann kam diese Aufforderung automatisch.

So erging es mir auch: Meine Schonzeit war vorbei. Ich wurde von der Therapeutin dazu aufgefordert, mir Gedanken über ein Thema zu machen. Ich versuchte also, ein Thema zu finden, bei dem ich der Annahme war, es interessiere alle Gruppenmitglieder und man müsse es einmal ausdiskutieren. Schließlich fand ich ein Thema in Anlehnung an einen Belastungsheimfahrtantrag, den ein Gruppenmitglied gestellt hatte. Bei der nachfolgenden Diskussion über mögliche Schwierigkeiten, die für den Patienten auftreten konnten, war es zu der Frage gekommen: »Wie reagierst du, wenn dein Partner Alkohol getrunken hat?« Ich war in meinen Gedanken bei der Zeit nach der Therapie, wenn ich wieder bei meiner

Familie sein würde. So stellte ich die Behauptung in den Raum: »Ich kann doch meiner Frau nicht verbieten, ein Glas Rotwein am Abend zu trinken, wenn ihr danach zumute ist.«

Sicherlich gehen bei dieser Aussage die Meinungen auseinander. Aber ich war damals und bin heute noch immer der Meinung, ihr das nicht verbieten zu können. Dazu möchte ich gleich vorausschicken: Meine Frau trinkt keinen Alkohol, wenn wir allein sind. Lediglich wenn Besuch im Haus ist, bietet sie den Gästen ein Glas an und trinkt dann aus Höflichkeit eins mit.

Warum bin ich zu meiner Meinung gekommen, dass ich ihr das Glas Rotwein am Abend nicht verbieten darf? Ich habe mir gesagt, dass ich selbst jahrelang gesoffen habe, mal mehr, mal weniger. Aus welchen Gründen sollte ich mir das Recht nehmen und ihr das Glas Rotwein verbieten?

Ich kann Ihnen sagen, ich hatte da eine Lawine losgetreten, von der ich mir nichts hatte träumen lassen. Wie könne ich mit so einer Einstellung in mein abstinentes Leben treten? Ich gefährde es sogar! Habe meine Frau etwa auch ein Alkoholproblem? Das ganze Haus müsse vom Alkohol befreit werden! Es stellte sich die Frage, ob ich überhaupt Therapie machen wolle? Und wie solle das aussehen, wenn es nur mit Kompromissen funktionierte?

Es ist nicht übertrieben, ich fühlte mich wie ein kleiner, dummer Junge, der eine mündliche Leistungskontrolle mit Pauken und Trompeten verhauen hatte. Vielleicht ist das dem einen oder anderen in seiner Kindheit einmal passiert, sodass er dieses Gefühl nachempfinden kann.

Warum sollte das Haus oder die Wohnung frei von Alkohol sein? Eine Antwort war, dass der trockene Alkoholiker sofort zur Flasche greifen könnte, wenn er Alkohol im Haus hat und in eine brenzlige Situation gerät. Wenn es im Haus jedoch keinen Alkohol gibt, müsste er sich erst welchen beschaffen, was Zeit in Anspruch nimmt, sodass er sich die Sache noch einmal durch den Kopf gehen lassen könnte und eventuell zurückrudert.

Damals war ich psychisch noch nicht in der Lage, meine Meinung standhaft zu vertreten, sodass ich bald Einsehen zeigte, um des Friedens willen.

Ich vertrete die Auffassung, dass es zwei Formen der Therapie gibt: Ich kann zum einen zu allem, was der Therapeut sagt, Ja sagen und ihm versprechen, dass ich es später, wenn ich wieder zu Hause bin, genauso machen werde, wie er es mir gesagt hat. Damit fahre ich in der Zeit, in der ich mich in der Klinik aufhalte, am besten. Ich ecke bei keinem Therapeuten an, so habe ich meine Ruhe. Ob ich mir damit aber eine gute Grundlage für ein zufriedenes, abstinentes Leben schaffe, wage ich, zu bezweifeln. Die andere Möglichkeit ist, dass ich meine Meinung sage, auch wenn diese dem Therapeuten nicht schmeckt. Das sagt ja nicht aus, dass ich mich in diesem Moment nicht verändern will. Es ist sicher kein bequemer Weg, aber vielleicht der, einer effektiveren Therapie. Denn so setzt man sich nicht nur mit sich selbst auseinander, sondern auch mit seiner Umwelt und den Faktoren seiner Sucht – und dazu gehören nun einmal auch die Angehörigen und Freunde. Die Diskussionen werden so zwar härter geführt, doch eröffnen sie auch weitere Perspektiven. Die Wahrscheinlichkeit, eine lang anhaltende Veränderung im Leben eines Menschen zu erzielen, ist weitaus höher, als wenn der Betroffene gleich zu allem Ja und Amen sagt.

Was ist aber das Gute an solch einer Gruppentherapie? Ich habe es erst später, während meines Aufenthaltes in der Psychiatrie in Wermsdorf, erkannt. Der Patient kann nur etwas Positives aus einer Gruppe ziehen, wenn alle mitarbeiten. Es ist wichtig, dass die Patienten, die schon einige Wochen Therapie hinter sich gebracht haben, die Rolle eines ›Zugpferdes‹ einnehmen.

Warum ›Zugpferd‹? Wenn diese Patienten schon offen mit ihrer Krankheit und den daraus resultierenden Erfahrungen und Erlebnissen umgehen können, kann ein neuer Patient verstehen, dass da Menschen sitzen, die genau dasselbe Problem haben. Dann kann das Gefühl der Vertrautheit entstehen und wachsen, da man sich in den anderen Patienten wiedererkennt.

Ich stellte fest, ich brauchte mich nicht zu schämen, denn fast alle hatten die gleichen suchtbezogenen Fehler gemacht wie ich. Wir ähnelten uns alle, denn die meisten hatten Verstecke für ihren Alkohol gesucht und andere Auffälligkeiten, wie beispielsweise das Erfinden von Ausreden, die zu einem Alkoholiker nun einmal dazugehören, aufgewiesen. Der Großteil der Patienten hatte heimlich getrunken, sodass sie genauso wie ich irgendwie und irgendwann auffällig geworden waren. Ein wichtiger Punkt bei der Therapie ist Offenheit, denn erst durch sie kann man in eine Gruppe hineinwachsen und Vertrauen aufbauen.

In der Soteria Klinik ist mir dies nicht gelungen, denn ich hatte in dieser Hinsicht eine Blockade in mir. Erst in der Psychiatrie in Wermsdorf und später bei meiner zweiten Langzeitreha habe ich es gelernt. Erst als ich verstanden hatte, dass Vertrauen zu einer guten Gruppenarbeit dazu gehört, konnte ich das Gefühl der Zusammengehörigkeit erleben. Mir sind einige Gruppenmitglieder sehr ans Herz gewachsen. Gerade diejenigen Alkoholiker, die durch ihre Alkoholsucht schon einige Zeit zurückgezogen gelebt haben, werden mit der Zeit feststellen, wie schön das Leben in einer Gruppe oder unter Menschen wieder sein kann.

Sicherlich wird es auch Probleme innerhalb der Gruppe geben – so wie es im normalen Leben bei jeder zwischenmenschlichen Beziehung auch der Fall sein kann. Aber in der Gruppe haben wir Alkoholiker die Chance, zu lernen. Wir lernen vorwiegend durch die Ratschläge von Mitpatienten und Therapeuten. Ob jeder Einzelne diese für sich annimmt, liegt in der eigenen Entscheidung. Entscheidend ist und bleibt folglich die Mitarbeit jedes Einzelnen. Neben dem Lerneffekt hat auch jeder die Möglichkeit, in der Gruppe seine Meinung zu äußern. Denn wenn die Gruppe funktioniert, kann jeder in Ruhe aussprechen, ohne gestört zu werden.

Was ich bei meinen Beobachtungen in der Gruppe aber auch feststellen musste, ist, dass Patienten sich in einigen Fällen ein Feindbild aufbauten. Der Feind ist der Therapeut. Woran liegt das? Der Therapeut stellt eine Art – ich entschuldige mich bei den Therapeuten für dieses Wort – Fremdkörper dar, denn er ist in der Regel der Einzige in der Runde, der kein Suchtproblem hat. Er ist es, der den Patienten immer und immer wieder zum Nachdenken anregt. Das erreicht er, indem er in der Vergangenheit und den Gedanken des Patienten bohrt, was an die nervliche Substanz gehen und einen gewissen seelischen Schmerz verursachen kann. Genau dieser Schmerz ist dafür verantwortlich, dass man den Therapeuten in diesen Momenten nicht gern sieht, obwohl er nichts Schlechtes möchte. Der Schmerz lässt nicht zu, dass man die angebotene Hilfe erkennt. Dieser Fehler, den Therapeuten als Feind zu sehen, wird hauptsächlich in der Anfangsphase der Therapie begangen. Auch die Erzählungen der ›alten Hasen‹ nähren diese Einstellung.

Egal, ob Freund oder Feind, der Therapeut sollte eine Autoritätsperson sein. Dass sich ein Feindbild aufgebaut hat, ist während der Gruppenarbeit meist nicht zu spüren. Nein, das ist erst aus den Gesprächen der Patienten untereinander herauszuhören. In einem Gespräch mit meiner Therapeutin bestätigte sie mir meine These und gab zu, dass es durchaus gewollt ist. Gewollt in der Hinsicht, dass die Autorität des Therapeuten nicht untergraben wird. Zudem sollten die Patienten dem Therapeuten – wie auch umgekehrt – Respekt entgegenbringen. Vor unserer Therapeutin in der Soteria Klinik hatte ich großen Respekt und war doch immer froh, wenn die Therapiestunde vorbei war und ich verschont geblieben war. Ehrlich gesagt habe ich noch heute größten Respekt vor ihr, denn ich habe später andere Therapeuten kennengelernt, die kein solches Durchsetzungsvermögen hatten.

Als Therapeut in einer Suchtklinik hat man den harten Job, die Abhängigen dorthin zu führen, wo sie den Grund ihrer Abhängigkeit erkennen. Diesen Grund zu erkennen, fällt einem Alkoholiker nicht leicht und braucht Zeit. Bei mir persönlich kam diese Erkenntnis erst zum Therapieende. Wann und ob andere Patienten zu dieser Erkenntnis gelangt sind, weiß ich nicht. Ich wünsche ihnen aber, dass sie es geschafft haben.

Ich möchte noch einen weiteren Punkt herausnehmen, an dem man erkennt, dass der Therapeut eine besondere Stellung in der Gruppe einnimmt. Bei jeder neuen Vorstellung eines Patienten, bei der sich auch alle Patienten, die schon länger in der Gruppe sind, noch einmal kurz dem neuen Gruppenmitglied vorstellen, hält sich der Therapeut bedeckt und gibt nichts von sich preis. Hierbei hängt es vom Patienten ab, wie und ob er die Entscheidungen des Therapeuten versteht. Nicht immer können sie nachvollzogen werden. Es wird dem Patienten in einigen Situationen mit Sicherheit so vorkommen, als solle er provoziert werden. Und das ist sicherlich so gewollt, denn der Therapeut möchte, dass der Suchtkranke an seine innere Schmerzgrenze geht. Das ist nicht böse gemeint, es soll eher dazu dienen, dass der Abhängige erkennt, wie er früher in gewisse Situationen geraten ist und wie er in Zukunft in sie geraten wird. Der Therapeut kann dadurch zudem erkennen, wie weit der Patient schon ist. Kann er eine Belastungsheimfahrt durchführen, ohne einen sofortigen Rückfall zu erleiden? Der Therapeut hat es in der Hand, ob eine Belastungsheimfahrt genehmigt wird oder nicht. Das kann sich leicht zu einer Machtausübung entwickeln, wie ich es in der zweiten Langzeittherapie erleben musste.

In der Soteria Klinik ist mir jedoch nie zu Ohren gekommen, dass ein Patient seine Belastungsheimfahrt nicht antreten durfte. Wenigstens in diesem Umfeld konnte das demnach kein Grund sein, den Therapeuten als Feind zu sehen. Vielmehr konnte es an der Strenge und Härte festgemacht werden, wie der Patient gefordert wurde. Er wurde immer wieder angehalten, über sein Leben mit dem Suchtmittel Alkohol nachzudenken. Er musste es niederschreiben, beim Therapeuten abgeben und Rückfragen dazu beantworten. Dadurch wurde der Patient dazu gezwungen, tief in sich hineinzuhören. Das ging so lange, bis der Therapeut mit der Ausarbeitung eines Themas zufrieden war, vorher ließ er nicht locker. Das war Stress pur.

Aber warum musste ich als Patient alles aufschreiben? Die Antwort ist ganz einfach: Durch das geschriebene Wort verinnerlichen sich die Gedanken. Die Selbsterkenntnisse sind viel stärker, wenn sie ausgeschrieben statt nur als Stichpunkte notiert sind und später vorgetragen werden. Aus diesem Grund mussten in der Soteria Klinik Tagesberichte in ein Therapietagebuch geschrieben werden. Jeder Patient hatte die Möglichkeit, seine Gedanken und seine Fragen – sozusagen alles, was ihm auf der Seele lag – in das Tagebuch zu schreiben. In diesem Tagebuch sollte der Patient dann auch über seine Aktivitäten berichten. Sollten dem Therapeuten die Ausführungen nicht genügt haben, war es sehr wahrscheinlich, das Rückfragen dieser Art im Tagebuch standen:

Was haben Sie heute für sich persönlich gemacht? Welche Ihrer persönlichen Pläne und Therapieaktivitäten haben Sie erledigt? Was blieb unerledigt und warum? Sie sollten über Ihr Befinden berichten! Was hat Ihnen gefallen? Was haben Sie gewagt oder worauf sind Sie stolz? Schildern Sie mir Ihre Sorgen und Gedanken! Konnten Sie Erfahrungen sammeln? Waren diese wichtig für Sie? Auch Pläne für den morgigen Tag oder für die Zukunft sollten in dieses Tagebuch mit einfließen.

Der Gruppentherapeut kontrollierte das Tagebuch jeden Tag, da jeder Patient unter Beobachtung stand. Die offenen Fragen mussten bis zum nächsten Tag beantwortet werden. Dadurch machte der Therapeut sich nicht gerade sympathischer. Natürlich hofften die Patienten jeden Tag, dass keine Frage unter dem Text stehen würden. In den allermeisten Fällen blieben allerdings Fragen offen. Fast alle zogen nach dem ersten Blick ins Tagebuch daher lange Gesichter – auch ich.

Ich kann sagen, dass man in der Soteria Klinik wirklich sehr gefordert wurde. Das war nicht gerade erholsam, aber es ist für jeden Patienten eine echte Chance, wenn er in der Lage ist, diese zu nutzen.

Der Therapeut beobachtete seine Patienten aber nicht nur bei den Gruppenarbeiten. Auch außerhalb der Gruppenstunden hatten die Therapeuten immer ein wachsames Auge auf ihre Patienten – ihnen entging eigentlich fast nichts. Dennoch waren die Therapeuten in der Soteria Klinik trotz ihrer Strenge und Härte immer freundlich und sind es bis heute. Ich hatte in der Soteria Klinik nie das Gefühl, nicht als Mensch gesehen zu werden. Bei meiner zweiten Langzeittherapie hatte ich dagegen diesen Eindruck des Öfteren. Dort wäre es auch nicht denkbar gewesen, dass sich die Therapeuten dazu herabgelassen hätten – so wie es in der Soteria Klinik üblich war und ist – mit den Patienten einmal in der Woche

Volleyball zu spielen. Allein daran kann man erkennen, dass das Verhältnis untereinander ganz anders war.

Eine weitere für den Patienten unangenehme Sache waren Kontrollen. Diese Kontrollen begannen mit der Taschenkontrolle nach dem Einkauf, die stichprobenartig durchgeführt wurde. Pakete und Päckchen mussten während der ersten vier Wochen im Beisein eines Therapeuten geöffnet werden. Weiterhin gab es ausgiebige Zimmerkontrollen, bei denen alles auseinandergenommen und durchsucht wurde. Die Therapeuten waren dabei sehr gründlich.

Nach was suchten die Therapeuten? Der Zweck der Kontrollen war nicht nur Alkohol, sondern auch Medikamente oder Kosmetika und Lebensmittel, in denen Alkohol enthalten ist, zu finden. Hinzu kam das kleinere Übel des Pustens, das auch stichprobenartig durchgeführt wurde. Dazu durfte dann manchmal die ganze Gruppe antreten. In der Soteria Klinik war dies oft abends vor der Nachtruhe.

Einmal bin ich ein gesondertes Opfer unserer Therapeutin geworden. Ich lief über den Flur, als sie mir entgegenkam. Sie sagte: »Kommen Sie doch mal mit, Herr Hönemann, ich mache gleich mal bei Ihnen eine Zimmerkontrolle.« Ich wurde nervös, denn ich hatte vor einigen Minuten eine Thermoskanne mit heißem Tee in mein Zimmer geschmuggelt. Die erste ›Gelbe Karte‹ war also nicht mehr weit entfernt. Es war schließlich verboten, Heißgetränke mit aufs Zimmer zu nehmen.

Meine Therapeutin durchsuchte den ganzen Schrank, auch das Bett wurde auseinandergenommen. Die sanitären Einrichtungen blieben ebenfalls nicht verschont. Doch meinen Stuhl, auf dem die Thermoskanne stand, ließ sie in Ruhe. Ich hatte gleich meine Sachen darüber gehängt, als wir das Zimmer betreten hatten, so war die Thermosflasche nicht zu sehen. Als sie mein Zimmer verließ, ohne etwas entdeckt zu haben, war ich froh. Natürlich hatte ihr einiges nicht gefallen, aber es gab nichts, was einer ›Gelben Karte‹ würdig war. Glück gehabt.

Man darf aber eins nicht vergessen und das muss man sich als Patient einer solchen Klinik immer wieder sagen: Die Therapeuten sind da, um zu helfen, und sie möchten helfen.

Neben der Gruppentherapie gab es die Suchtgruppen, auf die an späterer Stelle genauer eingegangen werden soll. Um die Zuteilung zu einer Suchtgruppe vorzunehmen, war es für einen Alkoholiker wichtig, zu wissen, welcher Trinkertyp er ist. Welche Formen des Alkoholismus können unterschieden werden? Der amerikanische Forscher E. M. Jellinek hat den Alkoholismus in fünf Grundformen – man kann sie auch Typen nennen – eingeteilt.

Alpha-Typ-Alkoholismus

Alpha-Trinker sind nicht alkoholkrank, aber sie sind gefährdet, da sie den Alkohol einsetzen, um innere Konflikte und Spannungen abzubauen und um eine Erleichterung der täglichen Stresssituationen zu erlangen. Es sind Menschen, die besonders empfindsam und gefühlsbetont, aber auch leicht verführbar sind und mit extremen Schwankungen ihrer gefühlsmäßigen Stimmungen zu kämpfen haben. Sie setzen den Alkohol ein, um körperliche Schmerzen zu lindern. Dies ist ein Zeichen für einen anormalen Alkoholgenuss und einen krankhaften Einsatz von Alkohol. Die Alpha-Trinker ziehen sich lieber zurück und trinken ihren Alkohol für sich allein zu Hause, wo es von der Außenwelt meist unbemerkt bleibt. Das regelmäßige Trinken von Alkohol führt in den meisten Fällen zu einer seelischen Abhängigkeit. Die Gefahr liegt bei Alpha-Trinkern demnach in der psychischen Abhängigkeit, da eine körperliche Abhängigkeit noch nicht eingetreten ist. Diese psychische Abhängigkeit kann über Jahrzehnte bestehen, ohne sich zur Alkoholsucht zu entwickeln, sie wird aber als Vorstufe des Gamma-Alkoholismus gewertet und bezeichnet.

Beta-Typ-Alkoholismus

Die Beta-Trinker sind seelisch meist unbedenklich veranlagt. Ihr Alkoholmissbrauch besteht im Wesentlichen darin, dass sie sich ihrer trinkfreudigen Umgebung hingeben, ohne die schädlichen Auswirkungen ihres Alkoholkonsums zu erkennen. Es sind Menschen, die beim Trinken von Alkohol in Gesellschaft zur Höchstform aufsteigen und dadurch einen wohligen Gemütszustand erreichen. Sie lassen es gern richtig krachen und finden schnell einen gebührenden Anlass. Bei ihnen besteht die Gefahr ernsthafter Erkrankungen wie Fettleber und Leberzirrhose, Magenschleimhautentzündung, Polyneuritis sowie einer deutlichen Lebenszeitverkürzung durch den unangemessenen Konsum von Alkohol und die damit einhergehende, falsche Ernährung. Beta-Alkoholiker haben ihre Kontrollfähigkeit über das Trinken noch nicht verloren. Ihnen ist daher schwer zu der Einsicht zu verhelfen, dass auch sie sich in einem Stadium der Alkoholsucht befinden. Da der regelmäßige und meist hohe Alkoholgenuss nicht zu eindeutigen Alkoholräuschen führt, zeigen sie sich nicht einsichtig, dass ihre gesundheitlichen, familiären und auch sozialen Probleme ein Ergebnis ihres beträchtlichen Alkoholkonsums sind. Alpha- und Beta-Trinker verzeichnen keine Entzugserscheinungen wie Zittern, Unruhe und Schweißausbrüche bei plötzlichem Alkoholverzicht. Dies erschwert es weiter, diesen Menschen zur Einsicht zu verhelfen. Beta-Alkoholismus kann sowohl zu Gamma- als auch zu Delta-Alkoholismus führen.

Gamma-Typ-Alkoholismus

Die Alpha-Trinker können sehr schnell zu Gamma-Trinkern werden, denn im Anfangsstadium ähneln sich die Krankheitsbilder und vermischen sich, bis sich der Gamma-Typ gegen den Alpha-Typ durchgesetzt hat. Dieser Prozess ist schleichend und wird oft unterschätzt. Die Alpha-Trinker durchlaufen eine Phase des vermehrten Erleichterungstrinkens und werden so allmählich zum Gamma-Trinker. Eine Konsequenz ist die Verminderung der seelischen Tragfähigkeit. Es bereitet immer mehr Mühe, sich den anfallenden Problemen und Anforderungen ohne Alkohol zu stellen. Der Alkoholbedarf steigt stetig an, sie alkoholisieren sich immer häufiger und intensiver, um in einen Rauschzustand zu gelangen. Ein typisches Zeichen ist der Kontrollverlust: Auch wenn sie schon genug Alkohol intus haben, können sie nicht aufhören, zu trinken. Zu der seelischen Abhängigkeit kommt nun auch die körperliche Abhängigkeit. Bei Alkoholentzug treten Erscheinungen wie Unruhe, Zittern – was sehr gut beim Kaffeetrinken zu sehen ist – Schwitzen, ohne sich in einem Belastungszustand zu befinden, und nicht zu unterschätzende Angstzustände meist früh in Erscheinung. Unter Kontrollverlust versteht man auch, dass die Gamma-Trinker die Fähigkeit verloren haben, jederzeit und an jedem beliebigen Ort mit dem Konsum von Alkohol aufzuhören. Sie vermögen zwar, mit einiger Willenskraft eine Zeit lang ohne Alkohol zu leben, aber sobald sie einen kleinen Schluck Alkohol trinken, ist es wieder um sie geschehen und sie werden über kurz oder lang die Kontrolle über ihren Alkoholverbrauch verlieren. Durch diese Trinkpausen tritt etwas ein, was die Alkoholiker nicht wahrnehmen und auch nicht steuern können. Sie erhöhen automatisch ihren Alkoholkonsum. Der Kontrollverlust, wie er sich beim Gamma-Trinker bemerkbar macht, ist ein eindeutiges Zeichen der Alkoholabhängigkeit. Die Rückkehr in ein normales Leben mit Alkohol ist in diesem Stadium der Alkoholabhängigkeit nicht mehr möglich. Jegliche Versuche, auch nach langen Jahren der Abstinenz ein kontrolliertes Trinken anzustreben, sind zum Scheitern verurteilt. Gamma-Alkoholismus ist in Deutschland die Struktur von Abhängigkeit, die am häufigsten verbreitet und am augenscheinlichsten ist. Diese Form der Alkoholerkrankung ist der häufigste Auslöser beim Herbeiführen von Folgeerkrankungen in körperlichen und seelischen Bereichen. Zudem tritt eine enorme Schädigung des zwischenmenschlichen Kontaktes ein, die zur Vereinsamung der Alkoholiker führen kann, da sie sich in einem Stadium befinden können, in dem sie kein Interesse mehr an sozialen Kontakten haben. Eine Ausnahme besteht darin, dass sie Kontakt zu Gleichgesinnten suchen und finden.

Delta-Typ-Alkoholismus

Die Delta-Trinker werden auch als Spiegeltrinker bezeichnet. Dies bezieht sich auf den Blutalkoholwert. Delta-Trinker sind bestrebt, eine immer konstante Promillezahl im Blut zu haben. Diesen Blutalkoholspiegel versuchen sie, Tag und Nacht auf dem gleichen Level zu halten. Ein Absinken des Blutalkoholspiegels führt bei Delta-Typen zu sofortigen Entzugserscheinungen. Diese Form von Alkoholismus kann sich über Jahre, wenn nicht sogar Jahrzehnte erstrecken. In diesen langen Zeiträumen steigert sich der Alkoholkonsum stetig, da der Körper seine Toleranzgrenze erhöht. Delta-Trinker bleiben in der Öffentlichkeit lange Zeit unauffällig, da sie ihren Alkoholkonsum selten so anheben, dass sie erkennbar betrunken sind. Durch ihre meist langjährige Alkoholabhängigkeit vergiften die Delta-Trinker ihren Körper schleichend, sodass sich die Folgeschäden nur allmählich in ihrem Gesundheitszustand widerspiegeln. Dadurch wird das Nervensystem enorm geschädigt, was bis zur Verblödung führen kann. Delta-Trinker werden, wenn überhaupt, erst sehr spät einsichtig. Das resultiert daraus, dass sie in ihrem sozialen Umfeld kaum oder sehr flüchtig auffällig werden.

Epsilon-Typ-Alkoholismus

Epsilon-Trinker werden auch als Quartalssäufer bezeichnet. Sie können über längere Zeit ohne Alkohol leben und sogar monatelang abstinent sein. Durch innere Konflikte, die periodisch auftreten, stürzen sie sich in eine Phase, in der sie exzessiven Alkoholmissbrauch betreiben, der zum Kontrollverlust führt. Diese Zustände können Tage oder sogar Wochen andauern.

Diese fünf Grundformen des Alkoholismus beschreibt Jellinek. Ob es sich bei der fünften Form auch um Alkoholismus handelt, ist wissenschaftlich noch nicht bewiesen. Die Ursachen sind möglicherweise psychologischer Art und sollten von einem Psychologen untersucht und behandelt werden.

In der Therapie kann die Gruppe zurate gezogen werden, um den jeweiligen Trinkertyp festzulegen. Das erfordert genaues Hinsehen in Bezug auf Trinkgewohnheiten und auf Anzeichen von Entzugserscheinungen.

Wie bereits erwähnt, war die Zuteilung eines Typen für

die Einteilung in eine Suchtgruppe notwendig. Dazu gehörte auch das Verfassen und Halten eines Suchtberichts.

Nach einiger Zeit hatte ich mich an den Tagesablauf und die Therapiestunden gewöhnt. Es ging mir schon fast richtig gut. Jedenfalls besser als in den ersten Tagen, in denen ich mich einsam und verlassen gefühlt hatte. Ich hatte Kontakte zu den anderen Gruppen und Mitpatienten geknüpft und festgestellt, dass ich nicht allein mit meinem Suchtproblem war.

Am fünfzehnten Tag musste ich meinen selbst verfassten Suchtbericht abgeben. Nachdem meine Therapeutin ihn gelesen hatte, gab sie grünes Licht: Der Suchtbericht durfte in der Suchtgruppe gehalten werden. Dabei musste er frei vorgetragen werden.

Die sogenannte Suchtgruppe bestand aus zwei Gruppen. Im normalen Klinikalltag war das kein Problem, da kam man mit den Mitgliedern aus anderen Gruppen gut aus. Aber wehe es ging an die Planung des Ablaufes der Suchtgruppenstunden. Dieser Plan wurde immer samstags ausdiskutiert und es wurde regelrecht um die Sprechzeiten gefeilscht und mit allen Mitteln argumentiert. Dahinter steckte auch ein therapeutischer Sinn, wurde doch durch die Absprache unter den einzelnen Gruppen eine gewisse Auseinandersetzung geübt. Auseinandersetzungen kommen immer wieder im Leben vor, so war die Übung also als Vorbereitung für zukünftige Situationen im Alltag gedacht. Man übte die nötige Rücksichtnahme auf die Belange der jeweils anderen Gruppe. Zudem wurde der Zusammenhalt innerhalb der Gruppe gestärkt.

Schließlich kam der Termin, an dem ich meinen Suchtbericht vortragen sollte. Ich wurde, obwohl ich alle anderen Patienten und Therapeuten kannte, von Tag zu Tag nervöser. Ich kannte natürlich meine Lebensgeschichte, aber ich wollte nichts vergessen, um dann so wenige Fragen wie möglich gestellt zu bekommen. Bevor ich den Suchtbericht vortragen konnte, musste ich jemanden aus der Gruppe finden, der im Anschluss meines Suchtberichts die Fragen der Therapeuten und der Gruppenmitglieder notierte. Das übernahm meine Patin.

Ich möchte meinen gesamten Suchtbericht nicht im Einzelnen hier niederschreiben. Ich werde allerdings die mir gestellten Fragen – neunundzwanzig an der Zahl – aufführen und wenn möglich die Zusammenhänge erläutern. Die Fragen wurden im Anschluss meines Suchtberichtvortrages gestellt. Sie stehen nicht im Einklang mit der Reihenfolge meines Berichts, sodass die Themen durcheinander stehen können.

Fragen von Patienten werde ich mit einem * kennzeichnen, Fragen von Therapeuten mit **. Fragen von Mitpatienten sind meist in der Du-Form formuliert, Fragen der Therapeuten sind in der Sie-Form gehalten. Alle Fragen, die zusätzlich mit einer 1 gekennzeichnet sind, stammen von derselben Therapeutin der Parallelgruppe. Sie werden feststellen, dass diese Frau mich ins Herz geschlossen hatte. Die anderen beiden Therapeutinnen sind nur mit jeweils drei Fragen vertreten.

Den Antworten, die einer Erklärung bedürfen oder die ich heute anders formulieren würde, habe ich eine Bemerkung hinzugefügt.

Ich muss diejenigen enttäuschen, die denken, mit einer einfachen Antwort wäre die Sache getan gewesen. Nein, denn auf die Antworten hin bekam man noch einmal Fragen gestellt und diese mussten sofort beantwortet werden. Das ging so lange weiter, bis kein Anwesender mehr eine Frage hatte. Erst dann konnte die Ausgangsfrage als abgeschlossen betrachtet und mit der nächsten Frage fortgefahren werden.

Frage*: Kindheit – Sportschule: Wie hast du den Druck ertragen und wie war deine Reaktion, als du die Schule verlassen musstest?

Erläuterung: Ich war von September 1977 bis Juli 1978 an der Sportschule beim ASK in Potsdam. Ich trainierte in der Leichtathletik den Zehnkampf. Die sehr gute Verpflegung und sicherlich auch noch andere Mittelchen in Pillenform, die als Vitaminpräparate deklariert wurden (Doping), ließen mich innerhalb kürzester Zeit enorm wachsen, sodass ich meine sportlichen Leistungen durch diese körperliche Veränderung nicht steigern konnte. Meine schulischen Leistungen fielen durch den straff organisierten Tagesablauf ab, sodass es für mich das Ende meines Aufenthaltes in der Sportschule bedeutete.

Antwort: Der Druck auf solch einer Schule ist schon enorm gewesen, was die Anforderungen in den schulischen und sportlichen Gebieten anbelangt. Der Spaß am Sport hat über so manches Problem hinweg geholfen. Sicher war ich auch enttäuscht, als ich wieder die Schule wechseln musste, und machte mir schon so meine Gedanken, wie ich wieder in meiner alten Klasse aufgenommen werden würde. Es gab aber keine Probleme, sodass ich mich schnell wieder einlebte.

Frage*: Wie ist dein Gesundheitszustand zum jetzigen Zeitpunkt?

Antwort: Leichte Fettleber! Und erhöhte Leberwerte.

Heute: Ich habe zwar immer noch meine Fettleber, aber meine Leberwerte sind wieder im normalen Bereich.

Frage*: Gab es Freunde in deinem Leben?

Antwort. Ja! Gab es auch, nicht nur zum Trinken.

Frage**: Und wie ist es heute? (Freunde)

Antwort: Ich hoffe, dass sich mein Freundeskreis durch meine Therapie nicht großartig verändert.

Heute: Mein Freundeskreis hat sich durch meine Therapie

nicht weitgehend verändert, aber im Laufe der Zeit habe ich neue Freunde gefunden. Feststellen muss ich aber, dass der Kontakt zu den Freunden von damals heute bei Weitem nicht mehr so intensiv ist wie früher. Es gibt schon Veränderungen. Eine freundschaftliche Beziehung – und zwar die zu jemandem, der bei uns in der Nähe wohnt – musste ich ganz beenden. Ich stellte nämlich mit der Zeit fest, dass er mir nicht guttut. Er ist ein Mensch, wie es sicherlich in unserer Zeit viele gibt: nur schimpfen und meckern. Nichts ist recht. Ein Nörgler durch und durch. Deswegen habe ich mich langsam von ihm entfernt und den Kontakt nicht mehr gesucht. Ja, ich muss sagen, wenn wir ein Gespräch hatten, zog er mich stimmungsmäßig immer dermaßen runter, dass ich auch schon anfing, alles schwarz zu sehen. Bis ich mir dann sagte: Das brauchst du nicht, es tut dir nicht gut. Also habe ich den Kontakt weitestgehend heruntergefahren. Sicherlich bemerkte er, dass er nicht mehr so viel Aufmerksamkeit wie sonst bekam. So suchte er sich etwas, womit er wieder Aufmerksamkeit erzeugen wollte. Doch damit hatte er keinen Erfolg, sodass sich dadurch der Kontakt ganz und gar erledigt hatte. Es ist auch besser so, denn wir trockenen Alkoholiker sollten wissen, dass uns der Teufel Alkohol auch in Person eines Schwarzsehers begegnen kann. Jeder muss jedoch für sich wissen, wie viele er davon gebrauchen kann.

Frage*: Hast du mal Ärger mit der Polizei gehabt? (Führerscheinentzug)
Antwort: Nein.
Heute: Nein, ich habe offenbar immer Schwein gehabt, von einem Schutzengel möchte ich gar nicht erst sprechen. Wenn ich unter Alkohol und – wahrscheinlicher – unter Restalkohol gefahren bin, bin ich nie in eine Kontrolle geraten.

Frage*: Hat es Konflikte auf der Arbeit zwecks Alkohol gegeben?
Antwort: Nein, Beruf und Alkohol habe ich immer getrennt – außer nach Feierabend, da gab es doch schon Alkohol.

Frage*: Wie reagiert deine Familie auf die Therapie?
Antwort: Meine Familie findet meine Entscheidung gut und hofft, dass ich lange trocken bleibe.
Heute: Heute sind wir uns sicher, dass es der einzig richtige Schritt war, den ich tun konnte, und wir haben es bis heute noch nicht bereut. Warum auch? Das Familienleben ist so viel schöner.

Frage*: Was sagen sie (Familie) dazu und wissen sie es?
Antwort: Sicher wissen sie, dass ich eine Therapie mache, wir leben schließlich nicht getrennt. Ansonsten verstehe ich diese Frage nicht.

Frage*: Wer ist deine Bezugsperson?
Antwort: Meine Frau!
Bemerkung: Ja, meine Frau, der auch schon eine Alkoholabhängigkeit angehangen werden sollte, wenn auch nur eine Co-Abhängigkeit wie ich im Laufe meiner Hinterfragungen feststellen musste.

Weiter bin ich mit der Beantwortung der mir gestellten Fragen damals nicht gekommen. Zu diesem Zeitpunkt wurde mir dann alles zu viel. Die ganze Fragerei zum Suchtbericht und dann auch noch die Fragen im Tagebuch. Fragen, Fragen und nochmals Fragen. Ich hatte eine Blockade im Kopf, die es mir unmöglich machte, einen klaren Gedanken zu fassen.

Es herrschte eine, so empfand ich es damals, regelrecht aggressive Stimmung in den Suchtgruppenstunden. Es kam mir vor wie ein Kampf zwischen den beiden Gruppen, aber nur während der Suchtgruppenstunden. Das lag möglicherweise daran, dass jede Gruppe so viele Mitpatienten wie möglich sammeln wollte. In die Suchtgruppen konnte man nämlich erst kommen, wenn der Therapeut und die Patienten mit den Antworten zufrieden waren und die Aufnahme mehrheitlich befürworteten. Gerade bei diesem Punkt war es eben von Vorteil, wenn eine Suchtgruppe mehr Patienten hatte, denn am Ende zählten die meisten Stimmen. Die Suchtgruppenmitglieder hatten es also in der Hand, ob man aufgenommen wurde.

Mit der Zeit bin ich mit einem regelrechten Grauen in diese Suchtgruppenstunden gegangen. Zum Glück musste ich nicht in jeder Stunde etwas sagen. Wenn sie schon einen anderen Patienten in der Mangel hatten, konnte ich erst einmal Luft holen. Ich habe erst später festgestellt, dass mir vermutlich die Ruhe und die Zeit dafür gefehlt hat, mir einige Dinge aus meinem Leben und auch die Einstellung zu meinem zukünftigen Leben in Abstinenz zu erarbeiten. Vielleicht hätte ich auch einfach nur sagen müssen, dass ich noch nicht bereit für die Fragebeantwortung in der Suchtgruppe war.

Hinzu kam, dass gerade in diesem Zeitraum ein gewisser Druck auf unserer Gruppe lag, um Gruppenmitglieder in die Suchtgruppe zu bekommen. Unsere Gruppe hatte weniger Mitglieder in der Suchtgruppe als unsere Parallelgruppe. Die Anzahl der Mitglieder war wichtig, um bestimmte Dienste besetzen zu können. Erst jetzt, durch das erneute Lesen meines Therapietagebuchs, ist mir bewusst geworden, dass man mich ausgerechnet in dieser Zeit auch noch zum Gruppensprecher auserkoren hatte. Das war natürlich eine zusätzliche Belastung innerhalb der Gruppe. Daneben hatte ich noch viele andere Aufgaben wie zum Beispiel die Vorbereitung der VVs und weitere Aufgaben, an die ich mich gar nicht mehr erinnere, da sie mir unwichtig erschienen. Aufgaben und Dienste gab es für jeden Patienten, sodass immer eine leichte Beschäftigung da war.

Auch mein Raumteiler schaffte es nicht, bis zum Ende seiner Therapiezeit in diese Suchtgruppe aufgenommen zu werden. Er schaffte nicht einmal die gesamte Therapiezeit, da seine Therapie einige Tage vor dem regulären Ende von Seiten der Klinik beendet wurde. Er hatte Ärger in der Gruppe und mit dem Therapeuten. Ihm wurde vorgeworfen, er würde keine Therapie machen.

Er war es auch, der mir gleich am ersten Tag prophezeit hatte, dass ich die Therapie nicht zu Ende machen würde. Als Begründung gab er Folgendes an: Mein Vorgänger in diesem Bett habe abgebrochen und der davor auch und so werde auch ich vorzeitig abbrechen. Ich war am Anfang natürlich skeptisch, aber er sollte recht behalten.

Davon einmal abgesehen haben wir uns sehr gut verstanden, obwohl jeder seiner Wege gegangen ist. Jetzt, wo ich diese Zeilen schreibe, kommt in mir wieder die Frage auf, wieso wir Alkoholiker, wenn wir unter dem Einfluss von Alkohol stehen, nur so anders sind. Im Grunde sind doch fast alle Alkoholiker, wenn sie nüchtern sind, ganz vernünftige Menschen.

Mein Raumteiler erzählte seine Lebensgeschichte nicht nur in der Suchtgruppe, er erzählte sie mir schon vorher. Ich weiß noch ganz genau, dass ich mir beim Anhören seines Schicksals sagte, dass ich doch noch Glück im Leben gehabt hatte. Sie werden sicherlich denken, wie oft ich das noch betonen will, aber glauben Sie mir, wenn man all diese Schicksale gesehen und davon gehört hat, sollte man sich immer wieder vor Augen halten, dass man doch noch ganz gut davongekommen ist.

Ich erinnere mich, dass bei meinem Raumteiler Diabetes

festgestellt worden war und seine Frau sich daraufhin geweigert hatte, seine Wäsche mitzuwaschen. Sie hatte einen regelrechten Ekel, der auch zu ihrer Trennung führte, entwickelt. Sie verbot ihm, seine Tochter zu besuchen. Es war nicht zu übersehen, dass er an ihr hing. Er war jedes Mal den Tränen nahe, wenn er von ihr erzählte. Seine Tochter hatte gerade in der Zeit, in der er in der Klinik war, ihre Jugendweihe. Er durfte keinen Kontakt zu ihr aufnehmen, doch er ließ ihr durch seine Schwester einen Brief mit einer Halskette zukommen. Es war nicht nur ein Geschenk aus Höflichkeit, nein, er liebte seine Tochter. Doch in der Suchtgruppe sah man das anders. Es kamen immer wieder die Argumente, dass da noch etwas anderes sein musste. Ich konnte es nicht nachvollziehen.

Ich erinnere mich auch noch an einen anderen Patienten. Er war ein großer, kräftiger Mann. Auch bei ihm wurde in der Suchtgruppe nach Erklärungen für seine Sucht gesucht. Es wurde so lange nach Gründen, die ihn in die Alkoholsucht getrieben hatten, gesucht, bis man auf seine vor zehn Jahren zerbrochene Beziehung kam. Das machte ihn so fertig, dass er bei Nacht und Nebel seine sieben Sachen packte, um die Klinik zu verlassen. Das war kein Einzelfall, denn in meinem kurzen Aufenthalt haben einige vor mir auf diese Weise die Klinik verlassen.

Ich wollte es ihnen nicht gleich tun, obwohl es mir genauso erging wie meinem Raumteiler. Auch mir wurde eine Unglaubwürdigkeit von den Therapeuten sowie von einigen Gruppenmitgliedern der eigenen Gruppe vorgeworfen. Ich legte daraufhin mein Amt als Gruppensprecher nieder, da ich der Auffassung war und heute noch bin, dass ich als Gruppensprecher das Vertrauen meiner Gruppe genießen sollte. Diese Entscheidung brachte mir zusätzlich eine extra Portion Stress und Ärger ein. Ich bekam den Auftrag, eine Liste anzufertigen, auf der zu erkennen war, wer und wie viele Mitpatienten meine Person als glaubwürdig einschätzten. Zu der Liste kam es dann durch meinen vorzeitigen Therapieabbruch nicht mehr.

Es kamen eine Menge Ereignisse in einer für mich unglücklichen Situation zusammen, sodass ich den Kopf einfach nicht frei hatte, um mir Antworten auf bestimmte Fragen zu erarbeiten. Ich gebe jedem, der eine solche Therapie in Anspruch nimmt, den guten Rat, sich nicht unter Druck setzen zu lassen. Wenn man spürt, dass der Druck zu groß wird, sollte man die Bremse ziehen und das Gespräch mit dem Therapeuten suchen, denn dieser ist dafür da, bestimmte Dinge wieder ins Gleichgewicht zu bringen. Ich habe diese Möglichkeit damals nicht erkannt und niemand hat mir diesen Rat gegeben. Ein weiterer Fehler war natürlich auch, dass ich einfach zugemacht habe. Ich habe immer gedacht: »Die sind alle nur schlecht zu mir.«

Sicher gab es ein Angebot von meiner Therapeutin, denn in meinem Tagebuch stehen folgende Fragen unter meinem letzten Eintrag vom 17. Juni 2004:

Wie wollen Sie die Therapie weitermachen? Welche Unterstützung brauchen Sie?

Ich habe es einfach nicht erkannt. Ich hätte sehen müssen, dass das Angebot da war, ich habe es aber nicht verstanden, zu deuten und somit zu nutzen. Mir ist einfach alles über den Kopf gewachsen und ich habe es mir zu einfach gemacht. Zum Zeitpunkt des Angebots war mein Entschluss auch schon gefasst. Ich wollte und konnte nicht mehr zurück.

Ich hatte das Gefühl, überall mit Nachdenken anfangen zu können, und fand doch keinen festen Anfangspunkt. Wollte ich einen Punkt festhalten, entglitt er mir, weil schon der nächste im Hinterkopf anklopfte und sich meldete. Hier war er wieder, der damalige Betonmischer: Ich kannte alle Fragen, fand aber doch keine Antwort. Alles drehte sich. Versuchte ich, eine Antwort auf eine Frage zu finden, drängte sich schon die nächste in den Vordergrund.

Nachdem ich meinen Vortrag in der Suchtgruppe abgeschlossen hatte, waren Fragen offengeblieben, die von der Suchtgruppe an mich herangetragen wurden, zu denen ich mich aber noch nicht geäußert hatte. Ich werde die weiteren Fragen dennoch mit Ihnen teilen, damit Sie sehen, wie man in sich gehen muss, um sich diese Fragen zu beantworten. Sicherlich fragen Sie sich jetzt, warum ich schreibe, *sich* zu beantworten. Wenn man genau hinsieht, muss man sich einige Fragen zuerst selbst beantworten, bevor man eine Antwort mit der Gruppe teilen kann. Es sind nicht nur Fragen, die man während der Reha gestellt bekommt. Nein, es sind Fragen, die uns das Leben stellt. Jeder neue Tag wirft Fragen auf, die wir versuchen müssen, zu beantworten. Für jeden ist es wichtig, damit ins Reine zu kommen. Im Leben muss jeder seine Erfahrungen selbst sammeln und es wird nicht ausbleiben, dass wir noch eine Menge an Erfahrungen machen müssen. Auch Fehler werden dabei sein, die uns immer wieder neue Fragen aufgeben werden.

Damals war ich einfach nicht in der Lage, einige dieser Fragen objektiv zu beantworten. Es mag an der Zeit und an meiner inneren Einstellung gelegen haben. Es ging nicht darum, dass ich kein Leben in Abstinenz anstrebte. Mein Wille war da, denn ich habe es ja auch bis zum heutigen Tag geschafft, trocken zu bleiben, auch wenn es nicht immer leicht war. Ich bin ein zufriedener, trockener Alkoholiker.

Zu den Fragen, die während meines Vortrags unbeantwortet geblieben waren, hatte ich mir bereits einige Antwortnotizen gemacht, sodass ich diese aus meiner damaligen Sicht hier aufführen werde. Gleichzeitig möchte ich sie auch aus meinem heutigen Blickwinkel beantworten, den ich mir nach der Reha erschloss. Vielleicht ist die eine oder andere Frage auch für jemanden interessant, der sich selbst besser kennenlernen möchte.

Frage**: Ihr Vater ist auch abhängig. Gibt es Probleme damit?
Antwort: Ja, ich muss es offen sagen, mein Vater ist aus meiner Sicht – und nicht nur aus meiner Sicht – alkoholabhängig. Das habe ich schon damals in der Klinik erkannt. Das war ein schlimmes Gefühl, zu sagen: »Ja, mein Vater ist auch Alkoholiker.« Es tat weh, es zuzugeben. Es tat weh, aber es nützte nichts. Ich musste den Tatsachen ins Auge blicken. Hätte ich es mir damals in der Klinik nicht schon ehrlich eingestanden, um mich nicht zu belügen, hätte meine Abstinenz möglicherweise keine Chance gehabt. Ich musste mir die Co-Abhängigkeit zu meinem Vater eingestehen. Habe ich nicht selbst oft genug Alkohol zu unseren Treffen mitgebracht? Nicht dass er jeden Tag besoffen durchs Leben ging, aber seine zwei bis fünf Flaschen Bier und wahrscheinlich auch einen kleinen Wackelmann ab und an als Zugabe brauchte er schon. Wie es heute mit seiner Trinkmenge aussieht, kann ich nicht sagen. Es kommt auch vor, dass er es ab und an einmal übertreibt. Er ist eben noch nicht zur Einsicht gekommen. Er ist ein Mann von zweiundsiebzig Jahren. Auch wenn ich noch so sehr auf ihn einreden würde, hätte es keinen Zweck. Zum einen kommt der Altersstarrsinn hinzu, andererseits haben durch seinen ständigen Alkoholkonsum sicherlich auch seine Nerven gelitten. Mittlerweile habe ich damit, dass mein Vater Alkoholiker ist, keine Probleme mehr. Ich spreche diesen Fakt offen an, ob in der Familie oder in der Öffentlichkeit, damit ich meine Nerven nicht zusätzlich damit belasten muss. Die Einzige, die mir bei dieser ganzen Angelegenheit leidtut, ist meine Mutter, denn sie ist diejenige, die darunter schon ewig gelitten hat und auch noch des Öfteren leiden wird, obwohl

sie es nun eingesehen hat, dass ihr Mann süchtig ist. Diese Erkenntnis nimmt wenigstens etwas den seelischen Druck von ihr, der in der Co-Abhängigkeit begründet ist.

Frage[**]: Was ist mit Familie und Umfeld nicht in Ordnung?
Antwort: Familiär war, denke ich, alles in Ordnung. Wie in jeder Partnerschaft, ob ehelich oder nicht, gab es immer wieder Meinungsverschiedenheiten. Aber diese Tatsache kann ich nicht als Faktor sehen, der dafür gesorgt hat, dass ich Alkoholiker geworden bin, denn diese zwischenmenschlichen Konflikte in einer Ehe gibt es immer wieder, das war mir schon immer bewusst. Auch weil mir das bewusst ist, habe ich mir in Konfliktsituationen angewöhnt, erst einmal ruhig zu bleiben, um darüber nachzudenken. Möglicherweise bin ich deshalb in diesen Situationen auch nicht rückfällig geworden.

Das können damals nicht die Gründe gewesen sein, die mich wieder zum Alkohol getrieben haben, wenn ich eine kleine Trinkpause eingelegt hatte. Vielleicht ging es mir auch familiär zu gut: Was wollte ich mehr? Ich hatte eine Frau, die sparsam war, alles sauber hielt, tüchtig war und sich liebevoll um die Kinder kümmerte. Ich hatte zwei Kinder, die gesund und munter waren und ihren Weg gingen. Ich hatte auch ein Haus … Ich höre lieber auf, aufzuzählen. Ich konnte froh und glücklich sein.

Heute stelle ich mir die Frage, ob ich das alles damals nicht erkannt habe. Trotz allem bin ich des Öfteren ungenießbar für meine Familie gewesen. Lag es am fehlenden Alkohol? Oder an zu viel Alkohol?

Zu meinem Umfeld kann ich sagen, dass ich viele Kontakte zu Menschen hatte. Es gab welche, die genau wie ich zur Spezies der Alkoholiker gehörten, und es gab auch die Vertreter der Nichtalkoholiker. Damals habe ich mir darüber keinen

Kopf gemacht. Sicherlich hatte ich in meinem beruflichen Umfeld sehr viel Kontakt zum Alkohol, gerade bei der Feierabendtätigkeit. Während meiner Selbstständigkeit gab es während der Arbeitszeit aber keinen Alkohol, das hätten wir uns nicht erlauben können.

Zehn Jahre lang lebten wir im Haus meiner Schwiegereltern. Vielleicht war es ein Fehler, mit einer älteren Generation im Haus zu leben. Diesen Fehler würde ich in einem anderen Leben nicht noch einmal begehen. Das alte Sprichwort hat schon recht: »Jung und Alt verträgt sich nicht.« Aber so ist das nun einmal im Leben, Fehler sind dazu da, um gemacht zu werden und daraus zu lernen. Die Differenzen mit der älteren Generation räumten wir aber vor meinem Klinikaufenthalt aus der Welt und schließlich wohnten wir bereits seit zehn Jahren in unserem eigenen Haus, sodass unsere Differenzen keinen Einfluss auf meine Alkoholsucht hatten.

Frage ** (1):** Warum wollen Sie aufhören, zu trinken?
Antwort: Das ist eine für mich ungeschickte Frage von einer Therapeutin. Hätte sie nicht besser so fragen sollen: Warum wollen Sie in Zukunft keinen Alkohol mehr trinken? Ich habe es zu Beginn schon geschrieben: Ich wollte noch leben und dabei möglichst auch noch etwas erleben. Stellt sich da nicht auch die Frage: Lohnt es sich, mit dem übermäßigen Alkoholkonsum aufzuhören, um so dem Alkohol den Rücken zu kehren? Lohnt es sich wirklich, abstinent zu leben?

Heute kann ich diese Fragen mit einem eindeutigen Ja beantworten. Es gibt viele Aspekte, die dafür sprechen, und jeder wird andere aufzählen können. Ich möchte Ihnen im Kapitel ›Motivation‹ noch einige Gesichtspunkte nennen, die mich motiviert haben, trocken zu werden und zu bleiben.

Frage*: Wozu hast du den Alkohol benutzt?

Antwort: In der letzten Zeit, in der ich Alkohol getrunken habe, habe ich ihn dafür benutzt, um meine Probleme kleiner erscheinen zu lassen und um Stress zu reduzieren. In früheren Zeiten habe ich Alkohol auch eingesetzt, um Hemmungen abzubauen oder Minderwertigkeitskomplexe zu vertuschen und so keine Schwächen zu offenbaren. So konnte ich beispielsweise nüchtern bei Diskussionen nicht dagegenhalten, um meine Meinung deutlich zu vertreten, und habe mir von anderen ihre Meinung aufdrängen lassen. Was waren die Gründe? Der Höflichkeit wegen wollte ich niemandem vor den Kopf stoßen und ich war mir bei bestimmten Themen unsicher, ob meine Aussagen oder meine Meinung richtig waren. Der Alkohol hat mich diese Situationen und mein inneres, schlechtes Gefühl, es wieder nicht geschafft zu haben, meine Meinung zu sagen, oder eine andere Meinung einfach bejaht zu haben, akzeptieren lassen. Diese Gefühle habe ich mithilfe des Alkohols unterdrückt.

Ich habe mein Leben buchstäblich umgekrempelt. Jetzt, wo ich meine Lebensanschauungen und damit mein Denken verändert sowie das Herangehen an Probleme weitgehend umgestellt habe, glaube ich, dass mein Unterbewusstsein mich damals sicherlich Dinge hat tun lassen, die ich eigentlich aus meinem Inneren heraus gar nicht tun wollte. Und doch getan hatte.

Das Unterbewusstsein spielt auch in der trockenen Zeit eine große Rolle. Es kann einem trockenen Alkoholiker zum Verhängnis werden. Und mit Sicherheit summierten sich diese Dinge. Es waren nicht nur zwei oder drei, nein, es wurden immer mehr, wie ein Strudel. Bis ich gar nicht mehr wusste, was ich eigentlich selbst wollte. Durch den jahrelangen Alkoholkonsum war ich nicht mehr in der Lage, Nein zu solchen Dingen zu sagen, da der Teufel Alkohol immer Ja sagte. Hinzu kam die Angst, jemanden zu verletzen und von demjenigen dann vielleicht nicht mehr angesehen zu werden. Es könnte ja schlecht über mich gesprochen werden. Und dann waren da noch die Hintergedanken, in denen der Alkohol förmlich zu mir sprach: »Hey, ich bin ja auch dort, du bist nicht allein« und »Ich werde dir schon über deine innere Ablehnung hinweghelfen.« Mein Leben wurde dann von außen gesteuert und mein Unterbewusstsein suchte Trost in den Armen des Alkohols.

An dieser Stelle möchte ich ein kleines Beispiel geben, vielleicht kann es der ein oder andere auf sich beziehen. Obwohl ich als Maurer gutes Geld nebenbei verdiente, wäre ich gern das ein oder andere Mal lieber bei meiner Familie zu Hause gewesen. Als junge Familie konnten wir aber auch das nebenbei verdiente Geld gut gebrauchen. Wir wollten uns schließlich auch etwas leisten. Und dann war da gleich der Alkohol auf den Feierabendbaustellen zur Stelle, er war nicht zu knapp vertreten.

Was ich damit zum Ausdruck bringen möchte, ist, dass man in seinem Leben versuchen sollte, das zu tun, was man von Herzen aus machen möchte und nicht nur dem Geld hinterherjagen sollte. Nur dann hat man Spaß an der Sache. Man schiebt keinen Frust vor sich her, der mit der Zeit gefährlich werden könnte. Das soll nicht heißen, dass man keine Kompromisse eingehen darf. Man darf natürlich Kompromisse machen, aber nur bis zu einem bestimmten Punkt. Man muss lernen, zu erkennen, wann man Schluss sagen muss – bis hier hin und nicht weiter. Das ist der Schutz, den man sich aufbauen muss.

Frage**: Was konnten Sie unter Alkoholeinfluss besser machen?
Antwort: Richtig betrachtet konnte ich unter Alkoholeinfluss gar nichts besser machen. Es klingt möglicherweise seltsam, aber besser konnte ich nichts damit. Im Gegenteil, ich konnte

vieles schlechter, wenn sich der Pegel immer höher schraubte. Eine Sache fällt mir jedoch ein, die ich unter Einfluss von Alkohol besser machen konnte, es ist allerdings nichts, womit man sich rühmen könnte: Es ist dummes Zeug reden. Die Zunge saß ab einem bestimmten Pegel viel lockerer als ohne Stoff. Im Nachhinein wurde mir bewusst, dass ich zu vielen, teilweise auch wichtigen Dingen, nur einen unbrauchbaren Kommentar abgegeben habe.

Unter Alkoholeinfluss konnte ich natürlich auch, wie in einer vorherigen Antwort aufgeführt, Dinge tun und akzeptieren, die ich in meinem Inneren so nicht wollte.

Frage**: Wieso sind Sie Alkoholiker geworden? Wie erklären Sie sich das?

Antwort: Ich möchte gleich darauf hinweisen, dass die Beantwortung dieser Frage nicht kurz ausfällt und gleichzeitig als eine Art Suchtverlauf oder Suchtbericht zu sehen ist. Ich habe dieses Thema bewusst nicht an den Anfang des Buches gesetzt, da ich dann dieser Fragebeantwortung vorgegriffen hätte. Zudem konnte ich es mir erst nach meiner ersten Therapie richtig durch den Kopf gehen lassen und in Ruhe nach einer Antwort suchen. Meiner Meinung nach habe ich endlich eine Antwort gefunden.

Im Verlauf der Antwort wird es auch das ein oder andere Mal um die DDR gehen, in der ich meine Kindheit, Jugend und auch einen Teil meines Lebens als Familienvater verbracht habe. Ich hätte vielleicht auch in einem anderen Land mit einer anderen Gesellschaftsordnung aufwachsen können, aber ich bin davon überzeugt, dass mein Leben in einem anderen sozialistischen oder demokratischen Land anders verlaufen wäre. Ich möchte nicht den Anschein erwecken, dass zu DDR-Zeiten alles schlecht war. Ich bin froh, dass ich in einem Land und zu einer Zeit aufwachsen durfte, in der für

Kinder und Jugendliche viel gemacht wurde, und das in jeglicher Hinsicht. Der Geldbeutel der Eltern spielte bei Weitem keine so große Rolle wie heutzutage.

Warum bin ich nun Alkoholiker geworden? Das ist eine gute Frage, die eine tiefere Berechtigung hat und einen auffordert, in sein vergangenes Leben zu schauen. Sich gedanklich immer und immer wieder die Frage zu stellen: *Warum eigentlich?*

Wenn ich es mir heute durch den Kopf gehen lasse, haben auch die vorangegangenen Fragen ihre Berechtigung. Doch muss man die Fragen im Kontext sehen und miteinander in Zusammenhang setzen. Das funktioniert aber nur, wenn man es für sich allein in Gedanken macht und nicht direkt gefragt wird. Ja, als Alkoholiker muss man sich die gesamten Fragen zusammen stellen, um nach Antworten suchen zu können. Damals habe ich das natürlich nicht so gesehen.

Ich möchte bei den anderen Fragen den tieferen Sinn nicht abstreiten, aber diese beiden Fragen fordern richtig dazu auf, Ursachenforschung anzustellen. Es wird sicherlich immer Personen geben, die es sich bei der Antwort einfach machen. So einfach ist es bei Weitem nicht.

Ich nutzte die Zeit nach dem Abbruch meiner Langzeittherapie in der Soteria Klinik, um zu versuchen, mir diese Fragen ehrlich zu beantworten. Das war für mich sehr wichtig. Immer wieder streiften diese Fragen durch meinen Kopf. Nicht immer so konkret, wie sie mir damals gestellt wurden, denn ich habe diese Fragebögen zu Hause nicht immer betrachtet, aber ich stellte mir diese Fragen immer wieder selbst. Ich suchte nach Antworten auf Fragen, die mir mein damaliges und heutiges Leben im indirekten Sinn auch stellt. *Warum Alkohol?* Nicht zuletzt haben mir auch meine Blutwerte schwarz auf weiß diese Frage gestellt. *Warum Alkohol?*

Diese Frage schrie mich förmlich an. *Du säufst zu viel, du säufst dich tot.*

Ich könnte es mir einfach machen und meinem Vater die Schuld in die Schuhe schieben. Ganz so einfach ist es nicht, obwohl er und seine Lebensweise sicherlich auch einen großen Anteil an meiner Alkoholsucht tragen. Die Alkoholsucht ist nicht vererbbar, wurde mir während meines Aufenthaltes in der Psychiatrie in Wermsdorf erklärt. Das beruhigt mich, denn ich habe schließlich auch zwei Kinder. Aber warum erlaube ich mir dann, meinem Vater – und wenn ich noch weiter gehe sogar meiner Mutter – einen Anteil an meiner Alkoholsuchterkrankung zuzuweisen?

Als Kinder hatten meine Schwester und ich kein schlechtes Elternhaus. Im Gegenteil, uns fehlte es in Anbetracht der damaligen Zeit an nichts. Wir hatten eine schöne Kindheit und Jugendzeit. Meine Eltern schenkten uns immer, bis sie von uns gingen, viel Liebe und Zuwendung. Bestrafungen durch Schläge wie bei anderen Familien waren bei uns zu Hause nicht üblich.

Aber wie ich bereits zuvor erwähnte, hatte mein Vater ein Alkoholproblem. Ich werde nicht zu weit in der Zeit zurückgehen, aber ich möchte versuchen, zu verdeutlichen, dass man schon im Kindesalter geprägt werden kann, was die Einstellung und den Umgang mit Alkohol angeht.

Ich habe schon erwähnt, dass ich von meiner Kindheit bis in meine Jugendzeit Leistungssport betrieben habe. Der Sport wurde zu DDR-Zeiten richtig gefördert. So fuhr ich viermal in der Woche mit dem Bus nach Bad Düben, um beim ASV zu trainieren. Mein Vater holte mich dann abends mit dem Trabbi ab. Da wir zu Hause damals keine Garage hatten, stand dieser Trabbi bei meinen Großeltern in einer Garage. Das Grundstück meiner Großeltern befand sich gegenüber einer Kneipe. Nun dürfen Sie dreimal raten, wohin es meinen Vater zog, als das Auto in der Garage stand. Genau! In jene Wirtschaft. Und ich als Sohn musste mit, damit meine Mutter nichts merkte. Mein Vater wollte – schon seine damalige Sucht zwang ihn – später nochmals in die Kneipe. Ich war also dabei und habe den Alkoholkonsum kennengelernt, ohne dass sich mein Vater jemals Gedanken darüber gemacht hätte. Sicherlich war es auch manchmal schön, wenn mir jemand eine Schokolade oder eine Cola spendierte. Manchmal wurde ich auch am Wochenende zum Bierholen in die Kneipe geschickt, wenn mein Vater viel Arbeit hatte. So durfte ich auch schon einmal am Schaum nippen.

Schließlich wurde es zur Gewohnheit, dass ich nach jedem gewonnenen Wettkampf einen Eierlikör im Waffelbecher bekam. Da ich in der Leichtathletik an den Start ging und an manchen Tagen bis zu fünf Siege heimbrachte, kam schon etwas zusammen. Der Eierlikör aus dem Waffelbecher oder aus dem Zartbitterschokoladenbecher war natürlich etwas Besonderes und hat mir geschmeckt. Hätte ich mir schon damals als Kind Gedanken über eine Suchtgefährdung machen sollen? Welches Kind macht das schon? Obwohl ich mich daran erinnern kann, dass ich meiner Mutter immer versprochen habe, später nicht zu saufen.

Die Anerkennung durch die anderen Anwesenden in der Kneipe tat gut und manchmal spendierten sie mir noch etwas mehr Alkohol.

Dass ich meinen Eierlikör auf Zuteilung bekam, war schlau von meinem Vater. So hatte er immer ein Lockmittel nach dem Training für einen anschließenden Kneipenbesuch. Wenn ich es aus dieser Perspektive betrachte, war ich schon als Kind co-abhängig. Ich deckte ja die heimlichen Kneipengänge meines Vaters vor meiner Mutter. Außerdem brauchte ich meinen Vater, der mich vom Training abholen musste, da um diese Zeit kein Bus mehr fuhr und ich schließlich auch noch meine Hausaufgaben machen musste.

Mein Vater hat seine Alkoholsucht nie erkannt und mich so unwissentlich an den Alkohol herangeführt. Ich möchte ihm deshalb keinen Vorwurf machen, denn er hat sich über die möglichen Folgen bestimmt keine Gedanken gemacht. Ich meine hier nicht nur die Folgen für mich, sondern auch für ihn und seine Gesundheit. Er bringt es übrigens bis heute nicht fertig, sich darüber ernsthafte Gedanken zu machen.

Sicherlich werden Sie sich nun fragen, warum ich indirekt meiner Mutter eine Mitschuld gebe. Ich möchte so weit gehen und sagen, dass sie damals schon co-abhängig war und genau gewusst hat, was abläuft. Es gab ja auch gerade wegen des Alkoholkonsums meines Vaters Streitigkeiten. Insbesondere dann, wenn es wieder zu viel war. In diesen Situationen musste ich meiner Mutter immer versprechen, später nicht zu saufen.

Schon als Kind hatte ich also Kontakt zu Suchtmitteln, auch wenn es sicher gedankenlos war. Ich weiß aus den Erzählungen anderer Alkoholiker, dass es ihnen in der Kindheit ähnlich ging und einige sogar noch extremer betroffen waren. Einige von ihnen wurden sogar geschlagen, wenn sie sich weigerten, ihren Eltern Alkohol zu holen. Meistens waren die Eltern dann schon zu besoffen und nicht mehr fähig oder zu faul, sich ihren Stoff selbst zu holen.

Meine Kindheitserlebnisse kann ich nicht allein dafür verantwortlich machen, dass ich Alkoholiker geworden bin. Ich würde es mir dann doch zu einfach machen. Aber wo kann und muss ich weitersuchen? In meiner Jugend? Wann fing die Jugendzeit an? Mit der Jugendweihe mit vierzehn Jahren?

Sicherlich war das ein feststehendes Datum, das für mich den Startschuss einer schönen Jugendzeit bedeutete. Man wurde gebührend mit allem, was dazugehörte, in den Kreis der Erwachsenen aufgenommen. Der Schnaps durfte nicht fehlen. Schon tagsüber ging es im Kreis der Familie los. »Na, komm, mein Großer, lass uns mal anstoßen, du bist ja jetzt erwachsen«, diese und andere Trinkaufforderungen waren von der Verwandtschaft zu hören. Es war schließlich eine Feier und bei einer Feier sollte man fröhlich und ausgelassen sein. Das ging natürlich mit Alkohol viel leichter.

Das hatte einen Lerneffekt. Ich lernte schon früh, dass man ohne Alkohol nicht fröhlich und ausgelassen sein konnte. Das sollte sich wie ein roter Faden durch mein Leben ziehen.

Die Jugendweihe war zu DDR-Zeiten ein großes Ereignis, bei dem – so war es jedenfalls bei uns im Dorf Brauch – die Jugendweihlinge, nebst denen aus dem Vorjahr, von einem zum anderen zogen, um bei jedem einige Doppelte, Bier, Sekt, Wein oder Bowle zu trinken. Wie Sie sich sicher vorstellen können, waren die meisten nach diesen Haltestellen sturzbesoffen. In einigen Fällen war sicher auch eine Alkoholvergiftung das Resultat. Das war also das Ende dieses besonderen Tages im Leben. Gleichzeitig war es der Startschuss, um zum ersten Mal offiziell Alkohol trinken zu dürfen.

Einige Zeit nach der Jugendweihe begann dann die Zeit, in der wir in die Disco gingen. Zu Beginn war noch alles normal. Man trank ein bis zwei Bier, weil man schon um zehn Uhr zu Hause sein musste. Dann durfte man plötzlich bis Mitternacht bleiben und bald hatte auch das ein Ende. Nicht nur die Ausgehzeit wurde immer länger, auch der Alkoholkonsum steigerte sich so natürlich. Mit den Kumpels haben wir dann manchmal eine sogenannte ›Pfeffi Kur‹ gemacht, bei der es Pfefferminzlikör bis zum Abwinken gab. Auch in der Disco selbst gab es immer genug Alkohol. Natürlich waren wir nicht jedes Mal sturzbesoffen, aber der Alkohol war immer mit dabei und das reichlich.

Nun stellt sich die Frage, warum ich dem Alkohol damals

in der Disco zusprach. Ein Grund dafür war, dass ich dazugehören wollte und ich mich unter Alkoholeinfluss in der Gruppe ungezwungener bewegen konnte. Ich fand viel lockerer Anschluss, brauchte mir keine dummen Sprüche anzuhören. Wir hatten schließlich gelernt, nicht ohne Alkohol auszugehen. Ohne Alkohol war man schüchtern und verklemmt. Der Alkohol befreite also von Hemmungen und diese waren gerade dann hinderlich, wenn es darum ging, einen Partner kennenzulernen.

Heute als trockener Alkoholiker blicke ich auf eine schöne Jugendzeit zurück, die ich nicht missen möchte. Warum auch? Das Vergangene können wir nicht umkehren, wir haben nur die Chance, aus der Vergangenheit zu lernen.

In der Zeit vom vierzehnten bis zum siebzehnten Lebensjahr beschränkte sich der Alkoholkonsum auf die Wochenenden. Mit siebzehn begann ich dann meine Lehre als Maurer beim damaligen Baukombinat Leipzig. Im ersten Lehrjahr war ich in einem Internat in Eilenburg untergebracht, in dem Alkohol verboten war.

Ich hatte damals meine jetzige Frau schon kennengelernt, sodass es nur selten vorkam, dass wir Maurerlehrlinge abends noch auf ein Bier ausgingen. Aber wenn wir ausgingen, dann haben wir ordentlich zugeschlagen. Welche Gefühle verbargen sich dahinter? Frust war es bestimmt nicht. Auch wenn auf der Baustelle nicht immer alles rund lief, war dennoch der Ansporn da, beim Mauern oder Putzen besser als die anderen zu sein. Wir waren ja schon erwachsen. Dieses Gefühl vermittelte uns unsere Arbeit, wir durften etwas erbauen.

Wir bauten damals im ersten Lehrjahr an der damaligen Bezirksapotheke in Leipzig mit. Dabei durften wir nicht nur ein Stück aufmauern, um es dann wieder abzutragen und wieder von vorn zu beginnen. Nein, unsere Arbeit hatte Bestand und wir waren stolz darauf. Danach saßen wir in der Kneipe und genehmigten uns einige alkoholische Getränke, mehr als wir eigentlich gedurft hätten. Solche Kneipenbesuche waren spontan und nicht von langer Hand geplant. Wir hatten so das Gefühl, zur arbeitenden und schaffenden Bevölkerung dazuzugehören.

An den Wochenenden ging es dann in die Disco, wo jeder von seiner Woche berichtete. Unter Alkoholeinfluss konnten wir das viel besser und bestimmte Dinge und Erlebnisse ließen sich so viel spannender schildern als nüchtern. Es entstand das Gefühl, in der Gesellschaft und unter den Jugendlichen eine wichtige Rolle zu spielen.

Im Prinzip waren das Spiele, die ohne Alkohol nicht gespielt worden wären. Es waren die Spiele der Erwachsenen, die nachgeahmt wurden: »Ich bin schlauer«, »Ich bin stärker«, »Alles kein Problem, ich kann das« oder »Du, ich habe dir geholfen, willst du nicht mal einen ausgeben?« und »Ja, danke. Komm, wir trinken erst mal einen«. Das Verhalten der Erwachsenen wurde von Kindern und Jugendlichen genau beobachtet, um dann zu gegebener Zeit imitiert zu werden. Die Erwachsenen spielten ihre Spiele selbstverständlich nicht nüchtern, auch dort war immer Alkohol im Spiel. Ich verrate Ihnen sicher nichts Neues, wenn ich sage, dass das heute noch genauso wie damals ist.

Jetzt, wo ich trockener Alkoholiker bin, bin ich zu der Erkenntnis gekommen, dass der Sohn das Verhalten seines Vaters nachgeahmt hat. Ich wage, dies zu behaupten, da ich als Kind schon die Beobachtung in der Kneipe machen konnte: So wie die Väter sich dort gaben, so gaben sich auch ihre Söhne beim Umgang untereinander. Ich bin keine Ausnahme. Auch mein Vater hat sich nie getraut, jemandem seine Meinung zu sagen. Er hat auch lieber erst einmal um des Friedens willen klein beigegeben. Dies war bei mir nicht viel anders und der Alkohol hat mir dann dabei geholfen, meine Meinung zu sagen. Auch wenn diese nicht immer objektiv war.

Diese Erkenntnis spielt eine wichtige Rolle in meinem Leben. Ich habe einen Puzzlestein aufgespürt. Stellen Sie sich ein Getriebe mit vielen Zahnrädern vor. Ein Zahnrad ist meine Lehre, ein anderes meine Jugend und wieder ein anderes meine Kindheit. Diese Zahnräder haben Zahn für Zahn ineinandergegriffen und so allmählich meine Alkoholabhängigkeit in Bewegung gebracht.

Es ist nicht so, dass ich zu diesem Zeitpunkt schon von einer Abhängigkeit sprechen möchte. Aber wieso eigentlich nicht? Nach Jellinek müsste ich dieses Verhalten schon dem Beta-Typ zuordnen. Des Öfteren fanden schließlich richtige Trinkgelage vor dem Discobesuch am Wochenende statt. Zudem war ich bereits seelisch abhängig, denn ich habe mich auf den Alkohol gefreut, und das nicht nur auf ein Bier. Somit ist schon durch die Vorfreude eine Abhängigkeit gegeben.

Nun möchte ich die Zeit meiner Lehre weiter ausführen. Da ich vom Dorf nicht in die Großstadt wollte und unsere ansässige LPG (Landwirtschaftliche Produktions-Genossenschaft) gerade eine neue Werkstatthalle baute, fing ich dort als Maurergeselle an. Auch hier war Alkoholgenuss während der Arbeitszeit tabu.

Damals war es gang und gäbe, dass wir mit den Büroangestellten die Geburtstage feierten. Bei diesen Feiern gab es natürlich Alkohol und danach, auch wenn der Alkoholpegel schon erreicht war, musste es noch in die Wirtschaft gehen. Auch so, wenn ich nicht gerade bei meiner Freundin und jetzigen Frau war, bin ich abends in die Wirtschaft eingekehrt. Hatte ich es nicht so von meinem Vater gelernt? Es hat mich noch nicht jeden Tag dorthin gezogen, aber der Anfang war gemacht. Und wenn ich zurückblicke, kann ich feststellen, dass sich mit der Zeit eine Steigerung vollzogen hat. Die Kneipe ist also ein weiteres Puzzlestück meiner Sucht.

Langsam sprach es sich herum, dass ich Maurer von Beruf war, und so ergab es sich zwangsläufig, dass der ein oder andere etwas zu Mauern und zu Verputzen hatte. Es ist kein Geheimnis, dass die meisten Eigenheime nach Feierabend gebaut wurden, sodass der Maurer eine gefragte Person war. Meist wurde mir dann in der Kneipe einer ausgegeben, um den Maurer moralisch zu binden, damit ihm das Neinsagen schwerer fiel.

Auf der Feierabendbaustelle gab es dann auch ein Bier und nicht zuletzt einen Doppelten. Das gehörte dazu. Ich habe meinen Erinnerungen nach keine Feierabendbaustelle erlebt, wo das nicht der Fall war.

Sie haben sicherlich festgestellt, dass die Zahnräder der Alkoholsucht ein neues und nicht zu unterschätzendes Zahnrad dazu bekommen haben. Es drehte sich jedoch noch langsam, denn es hielt sich mit der Feierabendarbeit noch in Grenzen.

Schließlich kam die Zeit, in der wir unsere eigene Familie gründeten. Das war kein Grund, Alkoholiker zu werden. Aber das war ich, richtig betrachtet, ja schon – wenigstens seelisch, denn ich freute mich auf das Feierabendbier, konnte und wollte nicht mehr darauf verzichten.

Ich zog in das Elternhaus meiner Frau, da dort unglücklicherweise durch den Tod ihrer Oma eine Wohnung frei geworden war. Unglücklich war es auch, weil es zehn Jahre werden sollten, in denen wir als junge Familie einiges einstecken mussten.

Ich hatte noch keinen Kontakt zu den dortigen Dorfbewohnern. Wo fand man diesen? Natürlich in der Kneipe. Es dauerte nicht lange, dann war ich wieder im Feierabendgeschäft und sollte einmal keine Baustelle vorhanden gewesen sein, ging ich abends in die Kneipe. Was ich dort eigentlich

wollte, weiß ich nicht. Vielleicht hatte ich ein Mitteilungs-
bedürfnis. Aber ich muss mich dort überhaupt nicht wohlge-
fühlt haben, als Nichtraucher in so einem verrauchten Raum.
Also hat mich wohl der Alkohol dorthin gezogen. Zu diesem
Zeitpunkt wäre es mir schwergefallen, mit dem Alkoholkonsum aufzuhören. Und hätte mir damals jemand gesagt, dass
ich ein Alkoholproblem habe, hätte ich ihn sicherlich für
verrückt erklärt.

Mit vierundzwanzig Jahren musste ich dann in die Armee
einrücken. Zu meinem Alkoholkonsum während dieser Zeit
kommt später noch eine Frage, die ich dann beantworten
werde.

Nach meiner Armeezeit kam die Wende. Die DDR exis-
tierte nicht mehr, wir waren im Kapitalismus der BRD angekommen. Ich suchte mir eine neue Arbeitsstelle als Maurer
und wechselte nach zwei Jahren zu einer größeren Firma. Das
Alkohollevel blieb gleich, es hatte sich richtig festgesetzt: entweder feierabends arbeiten oder in die Kneipe.

Schließlich verließ ich die Firma und begann, unser eigenes
Haus zu bauen. Da das Haus so schnell wie möglich fertig
werden sollte, wurde auch hier bis zum Abend gearbeitet und
dann ging es in die Kneipe. Der Tag des Einzugs kam und
wir zogen in unser neues Haus. Eigentlich hätte ich zufrieden
sein müssen, hatte ich doch alles: Frau, Kinder, Auto und
Haus. Eine neue Arbeit fand ich auch gleich wieder. Aber
nein, es musste wieder in das Wirtshaus gehen. Nun aber
nicht mehr zu Fuß, nun musste ich mit dem Auto fahren,
denn das Wirtshaus war im Nachbarort.

Ich hatte immer Glück, es ist nie etwas passiert und ich
bin nie von der Polizei angehalten worden. Ich wusste,
dass das, was ich da machte, absolut gegen alle Regeln
verstieß. Ich war mir auch des Leichtsinns bewusst. Ich
setzte nicht nur meinen Führerschein, sondern auch das

Leben anderer Personen aufs Spiel. Vielleicht wäre es bei einem Autounfall nicht gleich zum Tod gekommen, aber auch eine schwere Verletzung konnte ein Leben und eine Familie zerstören.

Im Jahr 1996 machte ich mich mit einer kleinen Baufirma im Gala-Bau selbstständig. Zu dieser Zeit änderte sich auch mein Alkoholkonsum. Ich stieg von vormals Bier und Schnaps auf Schnaps mit Cola um. Auch die Trinkmenge stieg stetig weiter an. Schließlich reichte der Alkohol in der Wirtschaft nicht mehr aus und ich deponierte eine kleine Flasche zu Hause. Zu diesem Zeitpunkt bekam ich auch Schwierigkeiten mit meiner Firma, aber das ist ein anderes Thema, das nichts mit meiner Alkoholsucht zu tun hat. Der Beginn meiner Abhängigkeit war bekanntlich schon eine Ewigkeit her.

So bin ich also zum Alkoholiker geworden. Nach einem Schuldigen brauche ich nicht zu suchen, denn der bin ich selbst. Wenn ich mich überhaupt als Schuldigen im Hinblick auf meine Alkoholsucht bezeichnen muss. Vielmehr habe ich mich schuldig gemacht, als ich fahrlässig mit meinen Mitmenschen umgegangen bin. Ich war in puncto Alkohol, sei es in meiner Trinkmenge oder durch das Fahren unter Alkoholeinfluss, kein Vorbild für meine Kinder.

Meine eigene Analyse kommt zu dem Fazit, dass ich es als Kind nicht anders gesehen habe: Ich bin regelrecht mit dem Alkohol aufgewachsen und habe schleichend das Leben eines Alkoholikers übernommen. Ich habe nicht gelernt, Probleme zu bewältigen, ohne dass mir der Alkohol zur Seite stand. Das bezieht sich genauso auf den Umgang mit Alkohol zu Feierlichkeiten oder gesellschaftlichen Anlässen. Ohne Alkohol war ich in bestimmten Situationen regelrecht verklemmt. Ich könnte es vielleicht so ausdrücken: »Wenn ich das ABC nur bis zum O gelehrt bekomme, sodass ich wenigstens ALKO-

HOL schreiben und lesen kann, woher soll ich dann wissen, dass das ABC bis zum Z geht?«

Sicher, das ist ganz schön grob ausgedrückt. In meinem Fall war es wohl Hilflosigkeit. Hilflosigkeit beim ›Meistern des Lebens‹, beim Bewältigen von Herausforderungen und dabei, aus sich herauszugehen, beim Feiern und beim Stressabbau. Man könnte vielleicht denken, dass meine Ansicht, warum ich alkoholabhängig geworden bin, nur eine Art Rechtfertigung ist. Doch ich musste weit in meine Kindheit zurückblicken – es blieb mir nichts weiter übrig – denn ich musste für mich selbst nach einer Erklärung suchen und diese finden. Ich habe es mir, möchte ich sagen, nicht leicht gemacht.

Frage** (1): Was war Ihre Trinkmenge? Was hat Ihnen so viel Stress gemacht und an welcher Stelle haben Sie gelitten?
Antwort: Meine Trinkmengen habe ich mir nicht gemerkt, da mir diese in nassen Zeiten egal waren. Hauptsache, ich hatte meinen Alkohol. Die Trinkmenge hat sich im Laufe meiner Trinkerkarriere stetig gesteigert und ich glaube nicht, dass ein Alkoholiker, wie ich einer bin oder war, sich über Jahre die Mühe macht und sich seine Trinkmengen merkt. Ich habe mir lediglich die Mengen der letzten Monate vor meinem Klinikaufenthalt gemerkt. Das letzte Dreivierteljahr vor der Therapie habe ich mit einer großen Flasche Klaren begonnen und am Ende, kurz bevor ich in die Soteria Klinik gegangen bin, habe ich mir eineinhalb bis – wenn ich gut gelaunt war – zwei große Flaschen Klaren durchgezogen. Ich hatte insbesondere im Hinblick auf meine Arbeit Stress, auch wenn es ein kleines Unternehmen war. Es war nicht die eigentliche Arbeit auf den Baustellen, aber ich musste mich ständig um neue Aufträge kümmern und neue Arbeit beschaffen, was bekanntlich nicht immer einfach ist. Auch mit den Preisen musste ich des Öfteren pokern,

sodass sich ein Auftrag manchmal nicht mehr lohnte. Ich hatte Angst um das geschäftliche Überleben, Angst vor dem Gerede der anderen Leute. Wer steht schon gern als Versager da? Ich habe mich also unter Druck gesetzt und mir Stress gemacht. Gelitten habe ich insbesondere dann – auch wenn ich es mir nicht anmerken ließ – wenn ich einen Angestellten entlassen musste, der seine Arbeit immer gut gemacht hatte und dessen Familie ich gut kannte. Warum ich ihn entlassen musste? Wer sich etwas auskennt, weiß, dass es auf dem Bau im Winter schlecht um Aufträge bestellt ist. So blieb mir über den Winter nichts weiter übrig, als mein Geschäft ruhen zu lassen.

Frage** (1):** Wie gehen Sie mit Gefühlen um und warum ist das so?
Antwort: Mit Gefühlen umzugehen, habe ich, wenn ich es richtig betrachte, gar nicht gelernt. Heute ist das anders geworden. Aber warum war das so? Ich denke, es liegt wieder in der Erziehung und in den Menschen, mit denen man am meisten Kontakt hat, begründet. In meiner Kindheit wurde man als Junge so erzogen, dass man nicht als Weichei deklariert wurde. Sie kennen sicher den Ausdruck »Ein Indianer kennt keinen Schmerz« oder ähnliche Ausdrücke. Welcher stolze Vater sieht es schon gern, wenn sein Sohn in der Schule gehänselt wird? Einen weiteren Grund sehe ich darin, dass ich Leistungssport betrieben habe und schon als Kind früh auf eigenen Beinen stehen musste. Als Schüler war es nicht leicht im Internat, das Elternhaus hat gefehlt. Und als Junge durfte man sich eben keine Blöße geben, bis man irgendwann anfing, abzustumpfen. Man baute automatisch ein innerliches Bollwerk auf: Bloß keine Gefühle zeigen, man könnte ja eine Schwäche zugeben.

Zusätzlich arbeitete ich auf dem Bau. Die Jungs vom Bau

waren alle starke, harte Kerle. Auf dem Bau ging es hart zu, nicht nur mit Muskelkraft, sondern auch oft verbal. Man musste lernen, sich verbal zu wehren, und sich ein ›dickes Fell‹ wachsen lassen. Schabernack und Sticheleien waren täglich gang und gäbe. Das habe ich so für mich festgemacht.

Gefühle sind wichtig in unserem Leben. Ich möchte das Thema Gefühle daher nicht nur unter dem Aspekt der Alkoholsucht betrachten, sondern auch allgemein. Was sind eigentlich Gefühle? Wo kommen sie her? Als Gefühl wird das subjektive Erleben der Emotion bezeichnet, wie zum Beispiel Freude, Lust, Geborgenheit, Liebe, Trauer, Ärger und Wohlbehagen. Gefühle werden gewöhnlich von Wahrnehmung, Empfindung und Denken, aber auch vom Willen unterschieden, können sich jedoch mit diesen Erfahrungsweisen verbinden. Vielfach wird angenommen, dass Gefühle einen Lust- und Unlustcharakter haben, der wiederum durch angenehme oder unangenehme Erfahrungen in einem Werteprofil ausgeprägt wird. So muss man also feststellen, dass wir lernen müssen, mit Gefühlen umzugehen. Wir müssen uns eingestehen, dass wir von unserer Umwelt geprägt werden, das trifft auch auf die Gefühle zu. Werden wir nicht allzu oft in unserer Gesellschaft im Hinblick auf unsere eigene Gefühlswelt unterdrückt? Man soll ja nicht auffallen, sodass nicht schlecht von einem gesprochen wird. Diese Devise kennen bestimmt viele Menschen und handeln danach. Wann sind wir zum letzten Mal so richtig aus uns herausgegangen? Und dies möglichst in aller Öffentlichkeit? Wenn man ehrlich ist, hat man Probleme, sich an eine solche Situation zu erinnern. Auch ich konnte nicht aus mir herausgehen und mich nicht vom Druck der Öffentlichkeit befreien. Selbst heute habe ich damit das ein oder andere Mal Schwierigkeiten, obwohl ich in dieser Beziehung schon lockerer geworden bin. Wenn ich heute nach Meinung meiner Frau oder Kinder zu locker werde, um Blödsinn zu machen, ist ihnen das peinlich. Gerade Jugendlichen ist es zum Beispiel in der Öffentlichkeit peinlich, von ihren Eltern in den Arm genommen zu werden, obwohl sie es bestimmt gernhaben. Sie unterdrücken ihre Gefühle, um nicht von ihren Freunden verspottet zu werden.

Es ist schwer, über Gefühle zu sprechen, denn jeder Mensch empfindet anders. Was mich vielleicht froh macht, kann einen anderen verärgern oder sogar verletzen. Aus diesem Grund verbergen wir sicherlich oft unsere Gefühle und zeigen sie nur, wenn wir uns sicher sind, damit niemanden zu verletzen. Gefühle zu zeigen, macht auch verletzlich. Es sind Offenbarungen, die von anderen Menschen ausgenutzt werden können. Ist es nicht des Öfteren so, dass gezeigte Gefühle, wie zum Beispiel Mitgefühl, von anderen als gespielt abgetan werden? »Das meinst du doch sowieso nicht so«, kann man dann hören. Ich habe mich dabei beobachtet, wie ich gerade bei Menschen, die mir nahestehen, innerlich sehr mitfühle, gerade wenn sie sich verletzen oder ihnen Unrecht getan wird, sie eine Niederlage einstecken müssen. Diese Dinge schmerzen mich innerlich und ich versetze mich in die Lage des Betroffenen. Es tut mir auch weh, wenn sich meine Frau wieder einmal die Finger an der heißen Pfanne verbrannt hat.

In meinen nassen Zeiten hätte ich diese Gefühle gar nicht wahrgenommen, weil ich sie mit Alkohol unterdrückt hätte. Es dauert seine Zeit, um wieder zu lernen, mit seinen Gefühlen umzugehen und sich zu trauen, sie zu zeigen. Unseren unmittelbaren Mitmenschen wie Partnern, Kindern und Freunden müssen wir wieder zeigen, dass auch wir Gefühle haben und sie zeigen möchten. Das ist sicherlich nicht einfach und erfordert Geduld von uns und von unseren Mitmenschen. Aber sie werden sehen, dass in uns eine Veränderung vonstattengeht. Es ist sicherlich nicht selten, dass gerade das Zweifeln an der Ehrlichkeit der gezeigten Gefühle einen noch nicht allzu lange trockenen Alkoholiker zu einem Rückfall veranlassen kann, aus Ärger, doch immer wieder missverstanden zu werden. In diesen Momenten sind es wieder Gefühle, mit denen nicht umgegangen werden kann, es ist wieder die Angst, diese nicht aussprechen zu können. Der Alkoholiker sucht dann im Alkohol eine Hilfe und bestätigt so ungewollt die erhobenen Zweifel.

Wir müssen uns darüber im Klaren sein, dass jeder Mensch seine eigene Gefühlswelt hat und es diese zu respektieren gilt. Und dennoch müssen wir auch lernen, in manchen Situationen unsere Gefühle unter Kontrolle zu haben. Schließlich werden immer wieder Augenblicke in unserem Leben auftreten, in denen wir einen Gefühlsausbruch – und ich meine gerade die, die mit Wut und Gewalt zu tun haben – unterdrücken müssen.

Gefühle sind ein großes und unerschöpfliches Thema, aber mir ist eines klar geworden: Als trockener Alkoholiker muss ich mir und anderen die Zeit geben, um sich über seine eigenen Gefühle klar zu werden. Sie zu akzeptieren und so zuzulassen, wie jeder sie zeigen möchte und in der Lage ist, sie zu leben und sie ernst zu nehmen, denn vorgespielte Gefühle werden sich über kurz oder lang als solche zu erkennen geben.

Frage** (1): Wie geht es Ihnen zusammen mit Alkoholikern? **Antwort:** Diese Frage hätte die Therapeutin vielleicht etwas anders stellen müssen: Wie geht es Ihnen mit uns Therapeuten? Scherz beiseite. Ich hatte nie ein Problem mit Alkoholikern. Warum auch? Ich bin ja selbst einer. Sicher, was mich heute ärgert, ist, dass ich während meines Aufenthaltes in der Soteria Klinik in meiner Freizeit wenig Kontakt mit anderen Patienten hatte. Ich habe in der Klinik mein Ding gemacht. Ich bin nicht auf andere Menschen zugegangen. Aber hier sehe ich, dass ich erst einen Wandlungsprozess durchlaufen musste, der nicht von heute auf morgen vonstattenging. Genauso musste ich mir vieles im Umgang mit anderen Menschen erst wieder erarbeiten. Also nein, ich hatte keine Schwierigkeiten damit, dass ich es mit Alkoholikern zu tun hatte.

In der Soteria Klinik hatte ich zudem nur wenig engeren Kontakt und das nur zu meinem Freund Reiner und natürlich zu meinem Raumteiler. Aber auch außerhalb der Klinik habe ich im Laufe meines weiteren Lebens Alkoholiker kennenlernen dürfen, die wirklich großartige Menschen sind. Sie waren nur leider, aus welchen Gründen auch immer, dem Alkohol verfallen. Ich schreibe *waren*, da ich der Hoffnung bin, dass diese Menschen heute noch trocken sind.

Frage** (1): Wie beziehen Sie Ihre Familie in die Therapie mit ein?
Antwort: Damals bin ich erst gar nicht dazu gekommen, meine Familie in die Therapie mit einzubeziehen. Auch später habe ich das nicht bewusst gemacht. Ich habe sie mit einbezogen, indem ich angefangen habe, offen darüber zu sprechen. Innerhalb der Familie offen miteinander zu sprechen, war ein Lernprozess. Das hängt sicherlich auch mit einem gewissen Schamgefühl meiner Familie gegenüber zusammen, das ich erst langsam ablegen musste. Heute ist das kein Thema mehr, wir sprechen offen über das Thema Alkohol.

Frage*: Was möchtest du nach der Therapie ändern und wie sieht dein Leben danach aus?
Antwort: Wenn ich ehrlich bin, hatte ich geplant, mich weiter um meine Gesundheit zu kümmern. Ich wollte meine Krampfadern behandeln lassen.

Um etwas zu ändern, muss man erst die Ursachen herausgefunden haben, die zur Alkoholabhängigkeit geführt haben.

Erst dann kann man nach der Therapie etwas ändern. Zum Zeitpunkt der Frage wären jegliche Antworten aus der Luft gegriffen gewesen. Diese Frage ist meiner Auffassung nach eine typische Patientenfrage. Hauptsache, man fragt etwas, damit die Therapeuten sehen, dass man mitarbeitet. Es ist nicht die einzige Frage, die ich in diese Kategorie einordnen muss. Vielleicht hätte ich auch sagen können, dass ich unbedingt trocken bleiben wollte oder ein Buch schreiben würde. Mit Sicherheit wären dann alle in Gelächter ausgebrochen. Wie soll ein Mensch sagen, wie sein Leben nach so einer Therapie aussehen wird? Es kommen so viele Faktoren zusammen. Jeder Lebensweg kann morgen schon wieder anders aussehen. Das Leben führt uns Menschen manchmal auf seltsame Weise dahin, wo es uns hinhaben möchte.

Frage*: Wie kommt es, dass bei dir immer alles so selbstverständlich ist?

Antwort: Mit dieser Frage, so wie sie gestellt war, konnte ich nichts anfangen und habe bei dieser Patientin damals außerhalb der Gruppe noch einmal nachgefragt. Sie meinte damit, dass ich alles so akzeptiere und hinnehme, wie es gerade ist. Ich bin nun einmal nicht so, dass ich aus allem, was ich gerade tue, eine große Sache mache – ob das negativ oder positiv ist, steht noch zur Frage. Vielleicht habe ich es nicht gelernt, meine Person und das, was ich mache, in den Vordergrund zu stellen. So sehe ich natürlich auch nichts Außergewöhnliches darin, jemandem zu helfen, wenn es mir möglich ist.

Ich musste in der Klinik nicht in Selbstmitleid zerfließen, ich hatte es mir im Prinzip schließlich selbst eingebrockt. Freiwillig war ich auch da, also was sollte es? Meine Konsequenzen aus dem zu großen Druck habe ich in meinem Abbruch gezogen und daran zu tragen gehabt. Ich musste damit allein fertig werden. Ich stehe dazu, es ist nun einmal so gelaufen. Genauso habe ich es selbstverständlich in meiner Hand, ob ich trocken bleibe oder ob ich wieder zur Flasche greife. Ob ich dann nochmals eine Langzeittherapie in Angriff genommen hätte, sehe ich nicht als selbstverständlich an, aber eines wäre mit Sicherheit selbstverständlich gewesen: mein Untergang. Der Untergang in allen Bereichen, sei es familiär oder beruflich sowie in meinem sozialen Umfeld.

Frage*: Was hast du für Hobbys?
Antwort: Meine Hobbys hatte ich zu diesem Zeitpunkt auf null heruntergefahren. Ich hatte kein großes Interesse an Freizeitaktivitäten. Warum auch? Der Alkohol war wichtiger. Vor meiner Reha bin ich nicht einmal mehr mit unserem Hund spazieren gegangen. Das Einzige, was wir jedes Jahr gemacht haben und was ich auch heute noch gern mache, ist Verreisen.

Frage**: Wie haben Ihre Familie und Ihr Umfeld auf den steigenden Alkoholkonsum reagiert?
Antwort: Es gab mit der Zeit immer mehr familiären Stress, insbesondere mit meiner Frau, die, wie schon erwähnt, natürlich co-abhängig war. Sie suchte meine Verstecke, damit sie mir meine Alkoholsucht beweisen konnte. Und dass eine Co-Abhängigkeit hauptsächlich an den Nerven zehrt, ist bekannt. So musste meine Frau reagieren und dies drückte sie in ihrer Verärgerung aus.

Mein Umfeld, also die Menschen, mit denen ich Kontakt hatte, muss ich in zwei Kategorien aufteilen. Kategorie eins sind diejenigen, mit denen ich in der Wirtschaft oder an anderen Orten gemeinsam dem Alkohol zugesprochen habe. Diese reagierten – und das ist auch verständlich – nicht auf meinen steigenden Alkoholkonsum. Wie auch? Wir waren ja Leidensgenossen.

Die zweite Kategorie sind die Menschen, die dem Alkohol nicht so zusprachen. Vor diesem Personenkreis habe ich meine Alkoholsucht gekonnt verborgen. Ja, ich muss heute noch daran denken, wie ich einem guten Bekannten eröffnete, dass ich eine Alkoholentwöhnung antreten würde. Er war sichtlich erstaunt.

Frage*: Trinkmenge während der Armeezeit: Was hast du weggetrunken? Was waren die Trinkgründe?

Antwort: Ich habe achtzehn Monate lang in Dessau in einem Pionierregiment gedient. Ich war erst Kraftfahrer und dann, ungefähr zur Hälfte meiner Dienstzeit, sind wir in die Volkswirtschaft versetzt worden. Dort hatte ich ein sehr gutes Verhältnis zu den Angestellten.

Ich wusste von dem Fragensteller, dass er als Unteroffizier gedient hatte. Und nun entschuldigen Sie es bitte, wenn ich kurz meine damaligen Gedanken niederschreibe. Ich dachte – und da bin ich ganz ehrlich – »Du Ar–, drei Jahre gedient, Unteroffiziere, die ärmsten Schweine bei der NVA, haben uns normale Soldaten am Monatsende noch angebettelt, weil sie ihren weitaus höheren Sold schon zur Mitte des Monats versoffen und verraucht hatten. Ausgerechnet du musst so eine Frage stellen. Ist ja auch logisch, ein normal Dienender wäre auf so eine saublöde Frage gar nicht erst gekommen.«

Bei der NVA war Alkohol verboten gewesen und wenn man einmal eine oder zwei Flaschen mit in die Kaserne hineingeschmuggelt hatte, dann wurden diese brüderlich mit den anderen acht bis zehn Stubengenossen geteilt. Erwischen lassen durfte man sich natürlich nicht, denn dann war der ›Bau‹ (eine Art Gefängnis) verbunden mit Ausgangs- und Urlaubssperre angesagt.

Mein Alkoholkonsum war demnach deutlich geringer und der Körper vertrug auch nicht mehr so viel, sodass die Wirkung dementsprechend schneller und enormer eintrat. Wenn wir einmal Ausgang hatten, haben wir allerdings richtig einen getrunken.

Was waren die Trinkgründe? Wer ließ sich schon gern, ohne etwas verbrochen zu haben, achtzehn Monate lang einsperren? Denn so haben wir es damals als dienende Soldaten empfunden. Zudem hatte Verbotenes seinen Reiz.

Frage**: Wie haben Sie den Wechsel vom Traumberuf Maurer erlebt?

Antwort: Da es artverwandte Berufe sind und wir sowieso alle möglichen Arbeiten ausgeführt haben, fiel es mir in dieser Hinsicht nicht schwer, aber es erforderte schon eine gewisse Umstellung.

Frage** (1): Wie setzen Sie Essen ein, auch im Hinblick auf Befindlichkeit?

Antwort: Ich bin mir bewusst, dass ich mich meist falsch ernähre. Ich esse eben gern das, was mir schmeckt. In diesen Speisen ist allerdings mehr Fett, darunter auch versteckte Fette, enthalten. Sollte der Tag kommen, an dem ich wirklich auf meine Ernährung achten muss, werde ich meine Ernährung umstellen. So wie ich es mit dem Alkohol bis jetzt auch gut geschafft habe. Ich erinnere mich bei diesem Thema immer an meine Großmutter, wenn sie mit ihrer Bekannten zusammengesessen hat und dabei eine der anderen vorgejammert hat, was sie nun alles nicht mehr essen und trinken dürfe. Und da kam immer wieder der Satz »Ach, hätte ich doch damals alles gegessen, als ich es noch durfte, und nicht so auf meine schlanke Linie geachtet.« Diese Worte werde ich nicht vergessen, denn irgendwann kommt der Tag, an dem auch ich aus gesundheitlichen Gründen, die das Alter automatisch mit sich bringen wird, auf meine Ernährung achten muss. Dann möchte ich nicht jammern müssen, sondern froh darüber sein, dass ich alles genossen habe. Denn verbieten kann mir das Essen sowie das Trinken von Alkohol niemand, ich muss es einfach nicht mehr wollen.

Allerdings stellt sich mir dennoch die Frage, ob das Essen bei mir schon Suchtverlagerung ist. Dieses Thema möchte ich später noch ausführlicher behandeln.

Frage****:** Gibt es heute noch aktive Freizeitgestaltung?
Antwort: Diese Frage habe ich schon indirekt beantwortet, als ich nach meinen Hobbys gefragt wurde. Was antwortet man auf solch eine Frage, wenn man gerade in dieser Klinik ist? Wenn einem alle möglichen Freizeitgestaltungen offenstehen, aber jegliche Aktivitäten an der Vier-Personen-Regelungen scheitern?

Zur Zeit vor der Therapie hatte ich schon erwähnt, dass da nichts mehr gewesen war, außer zu sehen, wo ich meinen Alkohol herbekam und ob er reichen würde, bis ich die nächste Gelegenheit hatte, um Nachschub zu besorgen. Freizeitgestaltung auf dem Land ist ohnehin ein anderes Thema als in der Stadt. Freizeit verbringt man hier viel mit anfallenden Arbeiten auf dem Grundstück und am Haus.

Frage***:** Wie hast du den Wechsel von der Sportschule zur Schule verkraftet?
Antwort: Auch diese Frage habe ich zuvor schon beantwortet. Wie ich bereits schrieb, war ich fast ein Jahr lang an der Sportschule in Potsdam und hatte kaum Kontakt zu meinen alten Klassenkameraden, so hatte ich mir schon Gedanken gemacht, wie ich in meiner alten Klasse aufgenommen werden würde. Diese Gedanken hatte ich mir aber völlig unbegründet gemacht, wie sich herausstellte. Der Kontakt zu meiner alten Klasse hatte sich in den Sommerferien wieder ergeben, sodass alles wie vor der Sport-

schule war. Ich kann also sagen, ich habe den Wechsel ganz gut verkraftet.

Frage*: Hatte es im Nachhinein noch Auswirkungen auf Schule und Sport?
Antwort: Meine schulischen Leistungen wurden besser und meinen Sport habe ich noch bis zum Ende der zehnten Klasse weitergemacht. Diesen habe ich dann in der Lehre einschlafen lassen, da mit der Zeit andere Interessen in den Vordergrund rückten.

Das war die Beantwortung der Fragen. Im ersten Teil habe ich die Fragen vorgestellt, die ich bereits in der Klinik beantwortet hatte, im zweiten Teil die Fragen, die ich nach der Therapie beantwortete. Sie haben sicherlich schon den Unterschied bemerkt: Heute habe ich weitaus ausführlichere Antworten geben können, als ich damals in der Lage war. Ich habe mir auf den Spazierrunden mit unserem Hund Putz Gedanken gemacht. In der Klinik wollte ich die Fragen damals so schnell wie möglich beantworten. Außerdem hätte ich mir in der Klinik gar nicht die Zeit nehmen können, um die eine oder andere Frage ausführlicher zu beantworten – die Redezeit war schließlich begrenzt. Dazu wären Fragen zu meinen Antworten aufgekommen, die ich dann gleich, ohne zu überlegen, hätte beantworten müssen.

Es sind einige Fragen dabei, über die es sich lohnt, länger nachzudenken und genau hinzusehen. Das machte mir zwar viel Mühe, aber die Zeit dazu musste ich mir nehmen. Die Zeit und Ruhe sollten dazu zur Verfügung stehen, um in seinem Inneren Antworten zu finden, um diese Antworten erst einmal reifen zu lassen und sie schließlich zu akzeptieren.

Ich fand Antworten auf bestimmte Fragen aus meinem Leben, mit denen ich zufrieden bin und die ich auch nach außen hin vertreten kann, weil ich der Meinung bin, sie ehrlich beantwortet zu haben. Es gibt das Sprichwort »Die Zeit heilt alle Wunden« und ich glaube, so ist es. Als ich mir die Fragen beantworten musste, hat es manchmal wehgetan, aber mit der Zeit verging der innerliche Schmerz und ich konnte mich nach außen hin öffnen. Und schließlich kam der Tag, an dem ich spüren konnte, dass es mir guttat, wenn ich mich jemandem mitteilen konnte, ohne Angst zu haben, mich verletzlich zu machen. Ich musste lernen, der Wahrheit ins Auge zu blicken. Ich habe viele Fragen für mich beantwortet und bin doch noch immer nicht am Ende angekommen.

So stelle ich mir auch die Frage, ob ich heute noch trocken wäre, wenn ich meine erste Langzeittherapie zu Ende gebracht hätte. Ich habe es schließlich erlebt: Es gibt tatsächlich Patienten, die es schaffen, in eine Suchtgruppe zu kommen. Aber eines bezweifle ich: dass all diese Patienten ehrlich zu sich selbst sind. Auch wenn ich einige Patienten verletzen sollte, habe ich den Eindruck, dass einige lieber alles so sagten, wie die Therapeuten es gern hören wollten, nur um in Ruhe gelassen zu werden. Der Therapeut konnte sich letztlich so viel Mühe geben, wie er wollte. Wenn der Patient nicht erkannt hat, dass er in erster Linie zu sich selbst stehen muss, ist der Verlierer immer der Patient.

Ich habe damals meine Konsequenzen gezogen und die Therapie in der Soteria Klinik abgebrochen, um sie für mich in meinem Inneren weiter zu absolvieren. Das war in den damaligen Stunden nicht mein Vorsatz, aber es hat sich gleich nach dem Verlassen der Klinik so angelassen, dass meine Gedanken immer weiter um das Thema Alkohol kreisten. Alle möglichen Fragen gingen mir durch den Kopf – heute mal so gestellt, morgen wieder andersherum.

Eins steht also fest: Die Therapie darf nicht mit dem Tag der Entlassung aus der Klinik als beendet betrachtet werden!

Es bedarf noch viel Zeit, in der jeder, der so eine Therapie gemacht hat, an sich arbeiten muss. So stellten sich mir immer wieder neue Fragen, auf die ich eine Antwort suchte. Mit der Zeit kamen auch Fragen auf, die nichts mehr mit Alkohol zu tun hatten, doch ich versuchte immer wieder, einen Bezug zu meiner Problematik herzustellen. Mir ist bewusst geworden, dass ich allein lernen musste, mit meiner Alkoholerkrankung umzugehen, um damit weiterleben zu können.

Es war mein vierzigster Geburtstag, als ich der Soteria Klinik den Rücken kehrte. Am nächsten Tag veranstalteten wir eine kleine Feier zu Hause. Meinen Gästen, unter ihnen natürlich auch mein Vater, habe ich alkoholische Getränke angeboten, die diese nicht ablehnten. Sie werden es mir vielleicht nicht glauben, aber es machte mir nichts aus, anderen beim Trinken von Bier und Schnaps zuzusehen, während ich Saft und Limonade trank.

Es war eigenartig, als ich dann abends in meinem Bett lag und den Tag noch einmal an mir vorbeilaufen ließ. Ich war stolz. Stolz auf mich, denn ich brauchte nicht einmal gegen ein übermächtiges Verlangen anzukämpfen. Da war kein Verlangen nach Alkohol. Wieso eigentlich nicht? War es die böse Prophezeiung der Therapeutin bei meinem Abschiedsgespräch, die mir nur vierzehn Tage gegeben hatte, bis ich rückfällig werden würde? Oder lag es daran, dass ich meine Frau und Kinder nicht enttäuschen wollte? Sicherlich spielten beide Faktoren eine große Rolle.

Und was sagte eigentlich meine Frau zu meinem Abbruch? Sie sagte noch am Telefon in der Klinik zu mir: »Du musst wissen, was du machst.« Auch heute, wenn ich sie danach frage, bekomme ich die gleiche Antwort: »Du musstest wissen, was du in dieser Situation machst.« Einerseits wollte sie mir ihr Vertrauen zeigen, andererseits aber auch ihre Bedenken. Heute denke ich, sie hat sich schon gesorgt, dass ich in alte Muster zurückfalle. So richtig hat sie ihre Sorgen mir gegenüber nie zum Ausdruck gebracht, wahrscheinlich auch, um mich nicht zu verunsichern. Aber eins ist sicher, ein Schimpfen und Meckern ihrerseits hätte nichts genützt. Im Gegenteil, vielleicht hätte gerade das einen Rückfall provoziert. Ich bin mir auch sicher, dass sie selbstverständlich Sorgen und Ängste hatte, aber sie hat es sich nicht anmerken lassen.

Bei meiner Tochter habe ich es dagegen gemerkt. Sie kam mir heimlich in den Keller hinterher, um zu sehen, ob ich an den Schnaps oder an das Bier ging. Ich hatte ja damals heimlich im Keller meinen Alkohol gesoffen. Ich bemerkte ihre Ängste und Sorgen, bis ich ihr erklärte, dass sie sich keine Gedanken zu machen brauchte. »Ich trinke nicht heimlich«, sagte ich ihr und von diesem Zeitpunkt an kam sie mir nicht mehr hinterher. Eine Zeit lang schnüffelte sie jedoch noch an mir, um herauszufinden, ob ich nach Alkohol roch.

Eine zu große Angst auf Seiten der Angehörigen und des Betroffenen selbst führt nur zu einer geistigen Verkrampfung, sodass sich alle Beteiligten in ihrem Handeln eingezwängt fühlen und somit kein offenes, freies Leben leben können.

Aufenthalt im psychiatrischen Fachkrankenhaus in Wermsdorf

Die Zeit nach der Langzeittherapie in der Soteria Klinik verging, ich wurde operiert und musste von meiner Krankenkasse aus von einem Vertragsarzt zum anderen geschickt werden. Eines Tages wurde mir von einem dieser Ärzte der Aufenthalt in einer psychiatrischen Einrichtung empfohlen. Es wurden Depressionen, Angstzustände und Schlafstörungen diagnostiziert.

Mit Depressionen hatte ich nicht gerechnet und dass ich ab und zu Angst hatte, hielt ich für normal. Mit Schlafstörungen habe ich auch heute noch zu kämpfen.

In Absprache mit meinem Nervenarzt begab ich mich daher Anfang 2006 in das psychiatrische Fachkrankenhaus in Wermsdorf. Der Aufenthalt sollte sich auf vier Wochen belaufen, womit ich mich abgefunden hatte. Aus den geplanten vier Wochen sind dann fast zwölf Wochen geworden.

In der ersten Zeit war es wieder schwer für mich, aber ich lebte mich schnell ein. Das Tagesprogramm war reichhaltig, abwechslungsreich und hat Spaß gemacht. Auch das Personal war in Ordnung. Die Ärzte verstanden ihr Handwerk, obwohl sie meine Probleme nicht ganz in den Griff bekamen, denn meine Schlafstörungen blieben unverändert. Dies führte schließlich zu der Diagnose, dass die Schlafstörungen in Verbindung mit meinem Sauf- und Suchtdruck standen. Sollte der noch immer in meinem Unterbewusstsein schlummern? Diese Annahme ärgerte mich, denn ich hatte in den zwei Jahren nach meinem Aufenthalt in der Soteria Klinik kein Verlangen nach Alkohol verspürt und war trocken geblieben. Das erklärte ich auch den Ärzten, doch sie wussten keinen Rat.

So kam es, dass sie eine Rehamaßnahme für mich beantragten. Die Zeit in Wermsdorf hat mir trotz allem viel gebracht. Allein die Suchtseminare von Dr. Wild, zu denen einige Patienten, die ebenfalls ein Alkoholproblem hatten, und ich auf die Entgiftungsstation gingen, haben mir sehr viel gegeben. Es war schade, dass diese Seminare nur einmal in der Woche stattfanden. Ich habe schon zuvor beschrieben, dass Dr. Wild eine Ruhe und Gelassenheit ausstrahlte, die ich heute noch bewundere. Er konnte Zusammenhänge so erklären, dass sie auch ein normaler Bürger verstand.

Aber es waren nicht nur die Seminare, von denen ich profitiert habe. In Wermsdorf habe ich zum ersten Mal gesehen, wie es ist, wenn man auf Menschen zugeht und ehrliches Interesse an ihren Problemen zeigt.

Eine ganze Zeit lang hatte ich aber noch immer große Schwierigkeiten, etwas in der Gruppe zu sagen. Ich erinnere mich noch an die Maltherapie. Zu einem festgelegten Thema mussten wir ein Bild mit Farbe und Pinsel malen. Das Thema war ›Des Kaisers neue Kleider‹ und dieses Thema sollte jeder Patient auf sich und seine Probleme beziehen. Was würden Sie malen, wenn Sie Probleme hätten? Diese Bilder wurden später in der Gruppe verteilt, sodass jeder Patient das Bild eines anderen deuten sollte, um seine Gedanken mitzuteilen. Situationen wie diese sind mir schwergefallen. So lange, bis eines Tages mein behandelnder Arzt in einem Einzelgespräch zu mir sagte: »Herr Hönemann, Sie brauchen keine Angst zu haben. Sagen Sie einfach etwas, melden Sie sich zu Wort. Es ist egal, auch wenn es geistiger Durchfall ist.« Ich nahm mir diese Worte zu Herzen und versuchte, an mir zu arbeiten. Das wollte nicht gleich von Anfang an klappen, aber es wurde im Laufe der Zeit immer besser. Ich bin dadurch nicht zum großen Redner geworden, aber ich traue mich nun, meine Stimme zu erheben. Auch wenn ich des Öfteren dennoch

Schweißperlen auf der Stirn habe, gerade dann, wenn es um das freie Sprechen vor einer größeren Gruppe von Menschen geht.

Auch in der Zeit in Wermsdorf habe ich viele Dinge in meinem Leben nochmals Revue passieren lassen und mir meine Gedanken dazu gemacht, sodass sich meine Lebenseinstellung und meine Ansichten zu vielen Dingen, die im Leben eines Menschen auftreten, geändert haben. Ich habe auch feststellen müssen, dass ich vor meiner Alkoholsucht ein toleranter Mensch gewesen war. Ich war nun auf dem Weg, diesen Menschen wieder in seine Ausgangsposition zu bringen.

Der Reha-Antrag war bereits unterwegs und ich hatte meinen Aufenthalt in Wermsdorf beendet. Die Zeit verging und ich wartete schon einige Wochen auf den Bescheid vom Rentenversicherer. Ich hatte ein flaues Gefühl, sodass ich bei der zuständigen Stelle anrief, um nachzufragen, wie der Stand der Dinge war. Die Dame konnte mir aber leider nicht weiterhelfen, sodass ich nur die Auskunft bekam, dass es noch Fragen an die Ärzte in Wermsdorf gab. Wieder kreisten mir die Worte des Arztes durch den Kopf: *Sauf- und Suchtdruck!* Ich ahnte etwas.

Je mehr Zeit ins Land ging, umso größer wurden meine Befürchtungen. Ich wandte mich abermals an die zuständige Stelle in Leipzig und erklärte der Frau, warum ich wissen wollte, was passieren würde. Ich wollte mir einen neuen, kleinen Hund anschaffen, aber nur, wenn ich genug Zeit hätte, mich um ihn zu kümmern. Doch wieder vertröstete sie mich. Der Antrag würde gerade von der Ärztekommission bearbeitet. Mein Kopf sagte mir immer wieder *Sauf- und Suchtdruck*. Ein Gefühl der Beklemmung und der Angst, dass der Rehabescheid mir eine erneute Langzeittherapie bescheren würde, machte sich in mir breit.

Der Zufall wollte, dass ich zu Himmelfahrt einen kleinen Hund angeboten bekam, und meine Frau und ich nahmen den kleinen Fratz zu uns. Damals war es tatsächlich noch ein kleiner Fratz, heute ist es ein richtig großer Fratz – weitaus größer als geplant, aber was soll es, wo die Liebe hinfällt.

Dann kam das Pfingstfest 2006 und ich hielt den Briefumschlag in meinen Händen. Ich überlegte noch, ob ich ihn vor oder erst nach Pfingsten öffnen sollte, denn wieder hörte ich die Worte *Sauf- und Suchtdruck* in meinem Kopf. Sollte ich mir das Pfingstfest mit dem Öffnen des Briefs verderben? Ich sagte mir, was in dem Brief stand, würde auch noch nach Pfingsten darin stehen.

Meine Befürchtungen wurden nicht enttäuscht: sechzehn Wochen in einer christlichen Einrichtung nahe Moritzburg, in der Punica Oase.

Die Rechnung für den *Sauf- und Suchtdruck* war da: sechzehn Wochen Therapie. Nur gut, dass ich mich schon seelisch und moralisch darauf eingestellt hatte. Es wäre wohl noch niederschmetternder für mich gewesen, wenn ich nicht schon mit dem Schlimmsten gerechnet hätte.

Das Erste, was ich tat, war, meinen Facharzt für Nervenheilkunde und Neurologie telefonisch darüber zu informieren. Er beruhigte mich erst einmal, damit ich nicht gleich kopflos wurde. Einige Tage später besprachen wir alles in seiner Praxis. Er war der Meinung, dass die vorgeschlagene Klinik gar nicht schlecht wäre. Wenn er sich da nicht täuschte?

Ich versuchte, so viele Informationen und Meinungen wie möglich zu der Klinik einzuholen. Das war ein Ausdruck meiner Unsicherheit und der Angst, nach fast zwölf Wochen in Wermsdorf, sechzehn Wochen nahe Moritzburg verbringen zu müssen. Das entsprach über einem halben Jahr Klinikaufenthalt.

Ich konnte und wollte mich nicht gleich entscheiden, ob ich

diese Reha antrat oder nicht. Da waren auch noch die Erinnerungen an Leipzig, die wenig aufmunternd waren und wenig Lust machten, eine weitere Suchttherapie zu absolvieren. Es bedurfte einiger Gespräche und Telefonate, bis ich schließlich so weit war, um zuzusagen und mich der Aufgabe zu stellen. Es stand ja immer noch die Aussage der Ärzte im Raum: *Sauf- und Suchtdruck*. Sollte ich wirklich einem Rückfall nahe sein?

Bei meiner Entscheidung half mir sicherlich auch die Tatsache, dass ich jederzeit meine Koffer packen und gehen konnte. Was sollte es also? Ein Versuch konnte meiner Abstinenz nicht schaden. Trocken bin ich geblieben, auch wenn ich in dieser Klinik einige Schwierigkeiten hatte – ich möchte aber nicht vorgreifen.

Aufenthalt in der christlichen Rehabilitationsklinik nahe Moritzburg

Auf der Aufnahmestation

Ich beschloss, meine zweite Langzeittherapie am 21. August 2006 anzutreten. Ich rechnete es mir genau aus: Wenn ich die sechzehn Wochen durchhielt, würde ich vierzehn Tage vor Weihnachten zu Hause sein, denn ich war überzeugt, dass ich ein Weihnachtsfest in der Klinik nervlich nicht verkraften würde. Das wäre zu viel für mich gewesen. Achtundzwanzig Wochen Klinikaufenthalt reichten meiner Meinung nach für ein Jahr. Meine Planung war also perfekt, der Zeitplan stand. Es waren noch einige Wochen, bis es losgehen sollte.

Eins musste ich aber doch feststellen: Die Zeit lässt sich nicht anhalten. Der Tag der Abreise kam unaufhaltsam näher. Ich verbrachte jeden Tag mit unserem kleinen Hund Dusty, einem Hütehund aus dem Kosovo, der sehr wachsam und lieb war. Jeden Tag, wenn wir unseren Spaziergang machten, zählte ich die Tage bis zu meinem Klinikaufenthalt herunter und auf einmal war der letzte morgendliche Spaziergang gekommen. Wir gingen wie immer unseren Weg, doch dieses Mal war mir nicht danach, nach Hause zu gehen. Am liebsten wäre ich weit weggelaufen, sodass der Tag verging und ich dableiben hätte können. Mir standen die Tränen in den Augen, als wir unaufhaltsam nach Hause liefen. Der Spaziergang hätte von mir aus noch Stunden dauern können, aber es nützte schließlich nichts.

Nach dem Frühstück war dann der allerletzte Moment gekommen und ich musste meine Dusty in ihren Zwinger sperren. Ich streichelte und drückte sie noch einmal, dann machte ich schnell die Zwingertür zu und drehte mich um. Ja nicht noch einmal hinschauen. In diesem Moment fragte ich mich, ob sie auch gemerkt hatte, dass wir uns nicht so schnell wiedersehen würden. Es tat mir so unendlich weh, aber da war er wieder, der innerliche Druck, als Mann keine Gefühle zu zeigen.

Die Tage, bevor es ernst wurde, war ich noch guter Dinge gewesen. Ich hatte mir gesagt, dass ich nach neun Wochen zum ersten Mal nach Hause kommen würde. Das dachte ich damals. Dass sich diese Hoffnung jäh zerschlagen sollte, hätte mir zu diesem Zeitpunkt niemand sagen dürfen, denn dann wäre ich nicht gefahren. Die Angst, dass meiner Dusty etwas passierte, nahm ich mit in die Klinik. Sie war und ist mir regelrecht in die Seele gebrannt.

Warum solche Angst? Sie rührte von der Erinnerung daran, dass unser kleiner Hund Nelly vor meinen Augen und vor unserem Grundstück rücksichtslos totgefahren worden war. Diese Angst sollte mich die ganzen sechzehn Wochen Tag für Tag begleiten. Auf die Geschichte mit Nelly und wie ich damit umgegangen bin, möchte ich in einem späteren Abschnitt eingehen.

Es ging los. Etwa zwei Stunden Autofahrt lagen vor uns, meine Frau und meine Tochter kamen mit. Es musste ja jemand das Auto wieder mit nach Hause nehmen, das durfte man als Patient nicht dort lassen. Wofür auch? Flüchten konnte man auch ohne eigenes Auto.

Ich wusste schon, wie es in der Punica Oase aussah, da ich etwa vier Wochen, bevor ich einrücken musste, schon einmal dort gewesen war und mir die Gegebenheiten angeschaut hatte.

Diesen Tag des ersten Besuchs werde ich nicht so schnell

vergessen. Auf der Hinfahrt hatte es zweimal rot geblitzt. Als ich endlich ankam, war ich schnell stinksauer. Die Hinfahrt hatte mir schon gereicht und dann war ich endlich da, an diesem gottverlassenen Stück Erde mitten im Wald, von dem aus es bis zum nächsten Ort ewig weit sein sollte, und dann sagte doch die gute Frau an der Rezeption, ich hätte mich vorher telefonisch anmelden müssen, um mich umzusehen. Es reichte mir, ich hatte schließlich einige Tage zuvor mit einer Frau von der Anmeldung telefoniert. Sie hatte mir versichert, ich könne mich dort unverbindlich umsehen, ohne eine zeitliche Vereinbarung zu treffen.

Schließlich durfte ich mir dann in der Cafeteria einen Platz suchen, um zu warten, ob sich jemand meiner annähme. Ich fühlte mich damals erbärmlich. Es waren zwar noch einige Wochen bis zu meiner Therapie, aber ich hätte am liebsten schon zu diesem Zeitpunkt fluchtartig das Objekt verlassen. Ich spürte bereits, was mich hier erwarten sollte. Hier – so war schon Wochen vorher mein Gefühl, was sich dann bestätigen sollte – sollte ich wieder das Letzte sein. Es hieß nicht umsonst, dass der erste Eindruck der beste ist und nicht täuscht. Es war ein Gefühl, das ein Außenstehender schlecht nachempfinden kann. Man muss es selbst gespürt haben. Vielleicht wurde mein schlechtes Gefühl auch von der Abgeschiedenheit genährt. In meinem Kopf kamen immer mehr beklemmende Gedanken zusammen, die ich aber mit der Zuversicht, dass ich wieder abfahren konnte, wenn ich es wollte, unterdrückte. Noch war ich frei.

Wenn Sie meine Erinnerungen lesen, werden Sie sicher denken, dass ich kein gutes Haar an dieser Einrichtung lasse. Ich schildere meine Erinnerungen aus meiner Sicht, so wird es mit Sicherheit auch ehemalige Patienten geben, die anderer Meinung sind. Es sind nicht die besten Erinnerungen, denn unter normalen Umständen muss sich ein Mensch den Aufenthalt dort nicht antun.

Sie werden nicht glauben, was ich erleben sollte. Erst kürzlich habe ich mit einem damaligen Mitpatienten gesprochen und er versicherte mir, dass er nie wieder dahin möchte. Doch ich habe es geschafft, ich habe diese Herausforderung angenommen und die Therapie bis zum bitteren Ende durchgezogen. Es ist schließlich eine Einstellungsfrage geworden. Ich habe mir einfach gesagt: »Du lernst hier noch etwas für dein weiteres Leben dazu. Sieh zu, dass du doch etwas Positives herausziehen kannst.«

Ich habe etwas gelernt und wenn es nur ist, dass ich meine Meinung vertreten kann und die meines Gegenübers zwar akzeptiere, diese aber nicht als einzig richtige ansehen muss, so wie ich es früher bestimmt getan hätte, um nicht in Konflikte zu geraten. Ich habe eine positive Einstellung zu meinem Lebensmotto werden lassen und auch wenn es manchmal bitterböse erscheint, versuche ich doch, etwas Positives darin zu finden. Dieses Positive muss natürlich nicht sofort zu erkennen sein, des Öfteren stellt es sich erst nach einer gewissen Zeit ein. Es liegt allerdings an jedem selbst, das dann zu erkennen, um es rückwirkend mit dem Ereignis, was negativ war, in Verbindung zu bringen, und um dann doch zu sagen, dass etwas Gutes dabei herausgekommen ist.

Es war der 21. August 2006 gegen zehn Uhr, als wir in der Klinik ankamen. Das Wetter an diesem Tag war nicht berauschend, genau wie unsere Stimmung. Aber was sollte es? Die Unternehmung sechzehn lange Wochen ging los.

Genau zur selben Zeit wie ich traf ein Patient aus Chemnitz ein. Ich fand, er sah noch gezeichnet vom Alkohol aus, es stand ihm noch ins Gesicht geschrieben. Oh, dachte ich, der arme Kerl. Was ich zu diesem Zeitpunkt noch nicht ahnte, war, dass wir uns auf der Aufnahmestation ein Zimmer teilen sollten. Wir sind Freunde geworden und obwohl sich unsere Wege voneinander entfernten, haben wir uns während der gesamten sechzehn Wochen nicht aus den Augen verloren – das ging ja auch schlecht, man konnte sich nicht aus dem Weg gehen. Und genau dieser Patient hat mich durch seinen zeitigen Rückfall animiert, dieses Buch zu schreiben.

Dasselbe Prozedere wie in der Soteria Klinik begann: pusten und dann Taschenkontrolle. Die Schwester, die uns aufnahm, war mit Abstand die netteste Person des Pflegepersonals. Sie erledigte die Aufnahmeformalitäten, die Blutabnahme und den anderen Papierkram mit uns. Die Taschenkontrolle übernahm ein Pfleger, der wahrlich kein Liebling der Patienten war. Schon sein Gesichtsausdruck ließ erkennen, dass wir für ihn sowieso nur ›Spritköpfe‹ und ›Säufer‹ waren. Ich konnte es regelrecht in seinen Augen lesen. Außerdem hatte er ein arrogantes Auftreten, was nicht nur an seinem Gesichtsausdruck, sondern auch an seiner ganzen Körperhaltung zu erkennen war. Richtig überheblich. Für mich war er ein unangenehmer Typ – es tut mir leid, aber ich muss es so hart sagen. Die Taschenkontrolle bei mir war für ihn wie ein Festtag, das habe ich ihm angemerkt. Er hat mit einer Genugtuung und einem Grinsen unser Zimmer verlassen. Der Grund für seine Freude? Er konnte sich bei mir so richtig austoben mit dem Einziehen von Gegenständen, die ein Patient in dieser Einrichtung nicht haben durfte. Welche Gegenstände zog er ein? Drei Röhrchen mit Brausetabletten und ein großes Glas, das ich mitgenommen hatte, um die Brausetabletten auflösen zu können. Ein kleines Taschenmesser fand auch den Weg in seine Hand. Was mich am meisten ärgerte, war, dass er mein Hantel-Set mitnahm.

Wieso wurden die Hanteln eingezogen? Die Begründung ist, dass sie zur Suchtverlagerung führen können. Unter Abhängigkeitsverlagerung (Suchtverlagerung) versteht man das Ausweichen eines Abhängigkeitskranken auf ein anderes Abhängigkeitsverhalten. Eine Abhängigkeit wird so durch eine andere ersetzt. Ein Alkoholkranker, der zwar mit dem Trinken aufgehört hat und trocken ist, anstelle des Alkohols aber jetzt Medikamente oder andere Drogen konsumiert, hat seine Abhängigkeitserkrankung nicht zum Stillstand gebracht, sondern diese nur auf eine andere Substanz verlagert. Werden diese Ursachen der Abhängigkeit nicht erkannt und somit gelöst – etwa im Rahmen einer Therapie – kann es dazu führen, dass die anderen Substanzen oder Tätigkeiten (Arbeit, Sport, Handy usw.) süchtig konsumiert bzw. ausgeübt werden. Sie treten so an die Stelle der Alkoholsucht. Eine Suchtverlagerung kann dem Alkoholabhängigen als Ausrede vor sich selbst oder anderen Menschen dienen. Er möchte beweisen, dass eigentlich kein Problem mehr vorliegt. Die bisherige, als problematisch angesehene Verhaltensweise ist oberflächlich betrachtet verschwunden. Sehr häufig dienen Tätigkeiten dann als Zuflucht. Viele Alkoholabhängige verlagern ihre Abhängigkeit in die Bereiche von Arbeit und Sport, sie betäuben sich regelrecht mit diesen Tätigkeiten. Es besteht somit von Seiten der Klinik die Befürchtung, dass sich der Patient nicht richtig auf die Therapie konzentriert und keine Ursachenforschung zu seiner Sucht betreibt.

Nicht nur mir war dieser Pfleger unsympathisch. Ich lernte keinen Patienten kennen, der etwas Gegenteiliges zum Ausdruck brachte. Etwas Positives konnte ich der Aufnahmestation jedoch abgewinnen. Wir waren nicht wie in der Soteria Klinik eingesperrt. Zu den Mahlzeiten konnten wir allein gehen. Für die Aufnahmestation gab es der Ordnung halber gesonderte Tische, später im Langzeitbereich hatte jede Gruppe dann ihre zwei festen Tische. Aber auch hier waren sie wieder, die vertrauten Blicke der Patienten, die schon einen Teil ihrer sechzehn Wochen geschafft hatten. Wir wurden wieder gemustert.

Wenn nichts auf dem Plan stand, konnten wir uns im Objekt frei bewegen. Hier war es schon anders als in Leipzig. Die Regeln waren nicht so streng, gelbe und rote Karten gab es nicht. Auch die Ausgangsregelung wurde anders gehandhabt als in der Soteria Klinik. In den ersten vierzehn Tagen gab es keinen Ausgang, danach konnte man beim Gruppentherapeuten Ausgang in Begleitung beantragen. Diese Informationen haben wir uns gleich in den ersten Stunden erfragt.

So verging der erste Vormittag. Nach dem Essen war dann eine kleine Mittagspause angesagt. Als nächster Tagespunkt stand die ärztliche Untersuchung an. Es gab mehrere Ärzte in dieser Klinik und ich hatte wahrscheinlich Glück, dass ich einen fähigen Arzt erwischte, der meine Untersuchung vornahm. Es war ein älterer Herr, der ein ruhiges und väterliches Erscheinungsbild hatte und mir sympathisch war. Wir hatten ein angenehmes, längeres Gespräch. Er fragte mich, was ich hier wolle, wenn ich doch schon seit zweieinhalb Jahren trocken war. Er ließ mich im Zuge dessen auch gleich wissen, dass ich keine Sonderbehandlung genießen würde. Ich muss es leider so hart sagen, dieser Arzt war einer von maximal zwei Ärzten der Klinik, die wirklich Ahnung von ihrem Fach hatten. Er genoss das Vertrauen der Patienten.

Der erste Tag verging und ich hatte einen guten Mitpatienten auf dem Zimmer, mit dem man sich gut unterhalten konnte.

Am zweiten Tag war ein Gespräch mit der Klinikleitung und einigen Therapeuten angesetzt, was zur Klärung der Frage diente, welchem Haus und welcher Gruppe man zugeordnet wurde. Es gab vier Häuser mit jeweils vier Gruppen von A bis D zu je zwölf Patienten. Diese Entscheidung wurde mir am dritten Tag durch einen kleinen Zettel, auf dem ein Termin mit dem jeweiligen Gruppentherapeuten stand, mitgeteilt. Ich erwischte das Haus vier und die Gruppe D.

Meine Therapeutin hatte zwar einen Doktortitel, ich frage

mich aber bis heute, in welchem Fach sie diesen erworben hatte – bestimmt nicht in Psychologie. Schon das erste Einzelgespräch war ein Reinfall. Während des Gesprächs versuchte ich, ihr deutlich zu machen, dass ich schon über zwei Jahre trocken war und mich nur auf Anraten der Ärzte von Wermsdorf in Verbindung mit dem Rentenversicherer und der Absprache mit meinem Nervenarzt erneut zu dieser Maßnahme entschlossen hatte. Ich erzählte ihr meine ganze Lebensgeschichte und beantwortete bereitwillig ihre Fragen. Dennoch versuchte sie, mich dazu zu bewegen, zu sagen, dass ich rückfällig geworden war. Es waren bestimmt vier oder fünf Versuche, bei denen sie jedes Mal fragte: »Herr Hönemann, da war doch was?« oder »Umsonst sind Sie doch nicht hier. Irgendetwas muss doch da geschehen sein?« Was sollte ich ihr sagen? Trocken ist trocken!

Schon in dieser Situation machte sich mein Selbstvertrauen, das ich mir in meiner trockenen Zeit und bei meinem Aufenthalt in Wermsdorf erarbeitet hatte, bemerkbar. Nach einer Stunde hatte ich es erst einmal geschafft, ich durfte ihr Zimmer verlassen. In dieser Klinik waren die Therapeuten in der Lage, das gesamte Klinikpersonal bis hin zum Küchenpersonal zur gezielten Therapie eines Patienten heranzuziehen.

Im Langzeitbereich

An Tag vier habe ich aufgehört, die Tage zu zählen. Nein, das stimmt so nicht. Ich habe angefangen, die Tage rückwärts zu zählen. Es waren an diesem Tag noch einhundertacht volle Tage zu überstehen.

An diesem Tag fand mein Umzug ins Haus vier statt. Mein Zimmer war direkt gegenüber vom Zimmer unserer Gruppentherapeutin. Mein Raumteiler war auch erst seit einer

Nacht da. Er war direkt in die Gruppe gekommen, da er nur sechs Wochen lang eine stationäre Therapie machte, um sich danach wieder in eine ambulante Behandlung zu begeben. Er war Rentner und wurde von den Therapeuten nicht weiter dazu gedrängt, einer Therapieverlängerung zuzustimmen, was bei einem anderen Rentner permanent der Fall war. Er war ein angenehmer Raumteiler. Nur sein ausdauerndes und lautes Schnarchen ließ mich des Öfteren verzweifeln. Dennoch verstanden wir uns gut. Auch er hatte es nicht leicht mit unserer Therapeutin. Sie war der Meinung, er wäre direkt auf der Palme, wenn er wieder einmal in ein Streitgespräch mit ihr verwickelt war.

Gleich am ersten Morgen im neuen Haus fand eine Gruppenstunde statt, in der ich mich der Gruppe vorstellen durfte. Das war nichts Neues. In Wermsdorf hatte ich es ja gelernt und so hatte ich auch keine Hemmungen, frei von der Leber weg zu erzählen und mich den wenigen offenen Fragen danach zu stellen. Nach meiner Vorstellung gab es kaum Rückfragen, so ausführlich hatte ich diese gestaltet. Die einzige Frage, die wohl alle beschäftigte, war, warum ich eine weitere Langzeittherapie machte, obwohl ich seit über zwei Jahren trocken war. Ein weiterer Grund für meine freie Vorstellung war wohl auch, dass ich akzeptiert habe, dass ich alkoholkrank bin. Wenn ein Alkoholiker akzeptiert hat, dass er alkoholkrank ist, kann er auch offener darüber sprechen. Das Gruppenklima war gut, sodass ich mich schnell einlebte.

Auch am nächsten Dienstag in der Großgruppe konnte ich frei sprechen. Die Großgruppe war das, was in der Soteria Klinik die Vollversammlung gewesen war. Der einzige Unterschied bestand darin, dass der Patient hier nicht aufstehen musste, um seinen Namen mit dem Anhang ›Alkoholiker‹ zu sagen.

An den Dienstagen der Großgruppe war auch immer Wäschetausch und Zimmerdurchgang. Diesen machte eine Frau von der Hauswirtschaft, die auf Ordnung und Sauberkeit schaute. Damit hatte ich kein Problem. Aber dass unsere Therapeutin am Freitag noch einmal durch die Zimmer gehen musste, war mir dann doch zu viel. Sie schaute, ob jeder etwas in seinem Regal stehen hatte. Wenn nicht, kam der Spruch »Sie sind wohl noch nicht angekommen.« An Kleinigkeiten konnte sie sich aufregen, was mich an die Stubenkontrolle meiner Armeezeit erinnerte. An meinem Zimmer hatte sie auszusetzen, dass mein Waschbecken nicht so glänzte, wie sie es gern haben wollte. Ich holte mir Scheuermittel und putzte mein Waschbecken.

Die ersten Wochen verliefen ruhig. Ich beschränkte meine Mitarbeit auf das Notwendigste, da ich mir reiflich überlegte, was ich sagte. Es waren ja auch andere Patienten da, die schon mehr Erfahrung in ihrem Alkoholikerleben hatten sammeln können als ich. Die Gruppenrunden drehten sich meist um Themen wie Ausgang allein, Ausgang in Begleitung, Heimfahrt beantragen, Ablehnung der Heimfahrt und Auswertung der Heimfahrt. An diesen Themen konnte sich unsere Therapeutin sehr lange festhalten. Es ging um alles, aber nicht um Themen, die für einen Alkoholiker im Leben nach der Therapie wichtig waren. Um Gründe für die Sucht ging es erst recht nicht.

Was geschah außerhalb der Gruppenstunden? Als neuer Patient absolvierte man in den ersten vierzehn Tagen eine Beschäftigungstherapie (BT), während die anderen Patienten zur Arbeitstherapie gingen. Bei der BT konnte man flechten, Specksteine bearbeiten, Bilder malen und noch vieles mehr.

Nach zwei Wochen kam ich in die Arbeitstherapie und durfte meinen Ausgang in Begleitung bei unserer Therapeutin beantragen. Sie wollte immer wissen, was man beim Ausgang vorhatte und mit wem der Ausgang geplant war.

Nach dieser ersten Woche Ausgang in Begleitung konnte man schließlich Ausgang ohne Begleitung beantragen.

Ich erinnere mich noch genau daran, wie meine Therapeutin mich in der Gruppenstunde nach meinem ersten Ausgang in Begleitung fragte, wie ich mich gefühlt habe, als ich im Laden an den alkoholischen Getränken vorbeigegangen bin, und ob ich Verlangen verspürt hatte. In diesem Augenblick dachte ich, ich wäre im falschen Film, und zweifelte am Verstand meiner Therapeutin. Ich fragte mich, ob ich schon über zwei Jahre trocken war oder nicht. Ich war es! So erlaubte ich mir, zu antworten: »Ich habe keinerlei Verlockungen verspürt, genau wie zu Hause.« Damit war ihre Frage beantwortet. Sie wollte dann noch von den anderen Gruppenmitgliedern, die mich begleitet hatten, wissen, ob ich artig gewesen war und ob mit mir alles in der Öffentlichkeit geklappt hatte. Danach bekam ich die Berechtigung, allein in den Ausgang zu gehen. Ich nutzte die Gelegenheit, mir so oft wie möglich ein Fahrrad auszuleihen, um die Umgebung zu erkunden.

In der Arbeitstherapie wurde ich dem Außendienst zugeteilt. Der Therapeut, der den Außendienst leitete, war selbst von der Alkoholabhängigkeit betroffen und seit zwölf Jahren trocken. Auch Therapeuten sind nur Menschen und vor Suchtkrankheiten nicht sicher. Er machte einen sympathischen Eindruck auf mich, was von den Gruppentherapeuten sicherlich ausgenutzt wurde, um von ihm weitere Informationen über uns Patienten zu bekommen.

Mir wurde die Verantwortung für die Wiederherstellung der Parkplatzeingrenzung übertragen. Diese hatte bei einem Sturm durch einen heruntergefallenen Ast gelitten. Es waren allerdings keine finanziellen Mittel vorhanden, um das Material für eine neue Eingrenzung käuflich zu erwerben. Also gingen wir in den Wald, holten Baumstämme und schälten sie. Die ersten Baumstämme holten wir noch mit einem kleinen, alten Transporter, den unser Arbeitstherapeut fuhr. Dieser Therapeut ging dann aber erst einmal für drei Wochen in den Urlaub und die Vertretung übernahm der Therapeut, der die Gärtnerei unter sich hatte.

Jetzt ging es daran, die Stämme auf das Maß zu schneiden. Die Bügelsägen waren so scharf, dass man nicht einmal fünf Tage altes Brot mit ihnen hätte schneiden können. Es war eine Quälerei. Schon hier merkte ich, dass es dem Therapeuten egal war, wie lange die Arbeit dauerte. Hauptsache, die Patienten waren in Bewegung. Schließlich sollten wir die Stämme mit einem Schäleisen schälen. Diese Schäleisen waren ebenfalls stumpf, sodass wir sie schärften, damit uns die Arbeit leichter von der Hand ging. Die Schäleisen wurden allerdings nicht nur zum Schälen von Baumstämmen verwendet. Auch zum Unkrautentfernen an den Bordsteinkanten der Wege wurden sie genutzt, denn das Unkraut ließ sich damit wunderbar abschaben, da die Wege um das Objekt mit Steinsand befestigt waren.

Eines Tages konnte ich nicht mehr an mich halten und sagte zum Gärtnerei-Therapeuten: »Es kann doch nicht angehen, dass unsere Schäleisen jedes Mal, wenn wir nicht da sind, zum Unkrautentfernen genommen werden. Habt ihr hier keine vernünftigen Hacken, dass wir jedes Mal anfangen müssen, unser Werkzeug zu schärfen?« Bei seiner Antwort musste ich an diesem Therapeuten zweifeln. Vor allen anderen Patienten antwortete er mir: »Na, mein Kleiner, renn schnell zu Mama und wein dich aus. Schnell, geh petzen.« Wir schauten uns alle nur an und ich zweifelte an seinem Verstand. Mir wurde schnell bewusst, dass diesem Therapeuten nicht an einer vernünftigen Arbeitsweise gelegen war. Bis zu diesem Zeitpunkt dachte ich, wir als Patienten sollten im Laufe der Arbeitstherapie wieder an eine Arbeit herangeführt werden, sodass sich jeder Patient erproben und etwas dazulernen konnte. In diesem Fall war der Lerneffekt nicht auf der handwerklichen Seite zu suchen, denn heute sehe ich die Situation aus einem anderen Blickwinkel. Es muss wieder ein Therapeutenspiel gewesen sein. Er hätte sicherlich am liebsten gesehen, dass ich mich aufrege wie ein kleiner Rohrspatz, um dann mit ihm oder einem Patienten Streitigkeiten auszutragen. Es schien die Aufgabe der Therapeuten gewesen zu sein, bestimmte Patienten emotional so in Fahrt zu bringen, dass diese am liebsten in die Luft gehen würden und untereinander in Konflikte gerieten. Es gehörte anscheinend zum Konzept der Klinik, Patienten in Konflikte zu bringen, sei es untereinander, mit sich selbst, mit den Therapeuten oder mit anderem Klinikpersonal. Ich sollte dies noch öfter zu spüren bekommen. Da die Therapeuten sich ohnehin untereinander austauschten, dachte ich mir, es sei ratsam, dieses Erlebnis gleich in der Tagesreflexion anzubringen.

Was war die Tagesreflexion? Diese fand immer mit einer anderen Gruppe statt – in unserem Fall war es die Gruppe vier B – und dauerte eine halbe Stunde. Am Montag und Mittwoch fand diese Reflexion gleich früh statt, am Donnerstag und Freitag am späten Nachmittag als Ausklang der Tagestherapie. In dieser Runde sollte jeder Patient sein Befinden und die Dinge, die ihn zurzeit belasteten, ansprechen.

In der ersten Zeit hatte ich mich auch hier zurückgehalten. Bald merkte ich aber, dass man in dieser Runde auch etwas anbringen konnte, um den Therapeuten – zum Beispiel dem Gärtner – schon im Vorfeld den Wind aus den Segeln zu nehmen. Es fiel mir mit der Zeit immer leichter und ich machte mir einen Spaß daraus, in Bildern zu sprechen. Es gab ja jeden Tag etwas Neues, gerade in der Zeit, als ich im Außendienst beschäftigt war.

Aber wie ging es weiter mit unserer Baustelle und den Holzstämmen? Die Baumstämme reichten nicht, sodass noch einige geholt werden mussten. Dieses Mal fuhren wir nicht mit einem Transporter in den Wald, wir hatten ja Zeit. Wir gingen zu Fuß mit Handwagen, Sägebock und Bügelsäge in den Wald. Zum Glück hatte ein Forstarbeiter die Bäume schon gefällt. Also schleppten wir die Stämme aus dem Wald, schnitten sie gleich auf dem Waldweg auf die Länge, in der wir sie brauchten, verluden sie auf unsere Handwagen und machten uns auf den Weg zurück zur Klinik. Nachdem wir mit dem Schälen der Stämme fast fertig waren, erlaubte ich mir, zu fragen, wo und wie lange die geschälten Stämme zum Trocknen gelagert werden sollten, bevor sie ins Erdreich eingesetzt wurden. Die Antwort war: »Die brauchen nicht zu trocknen, die werden ohnehin wieder nass.« Diese Frage hätte ich mir also sparen können und auch auf meine Frage, ob wenigstens ein Teeranstrich an die Enden kommen sollte, die ins Erdreich eingegraben wurden, erntete ich abermals nur ein müdes Lächeln mit der Bemerkung: »Wenn die verfault sind, gibt es neue. Neue Patienten wollen auch noch etwas zu tun haben.« Punkt aus, fertig.

Ich hatte mich schon an diese Arbeitseinstellung gewöhnt und machte mir keinen Kopf mehr darüber. Die Devise war also: rein mit den Stämmen und weg hier. Das war normalerweise nicht meine Art, eine Arbeit auszuführen, denn meine Kundschaft war zufrieden mit meinen erbrachten Arbeiten gewesen. Aber wieder war ein Lernprozess in mir vonstattengegangen. Wieso sollte ich mich aufregen und hadern? Es hatte keinen Sinn. In der Vergangenheit hätte ich sicher nicht so gelassen reagiert und in nassen Zeiten hätte ich es wohl weggesoffen.

Als der richtige Therapeut aus dem Urlaub wiederkam, war es zu spät. Die Arbeit war abgeschlossen, aber ob er mit der Ausführung glücklich war, wage ich, zu bezweifeln. Er wird seinen Unmut wohl zur richtigen Zeit an den richtigen Mann gebracht haben. Doch wir bekamen davon nichts mit, außer der Bemerkung, man hätte die Stammenden wenigstens mit etwas behandeln sollen, damit sie nicht so schnell verfaulten.

So verging Tag für Tag. Schließlich wurden die Sauna und das Schwimmbecken, die durch einen Brand beschädigt worden waren, neu eröffnet. In der ersten Zeit war es genauso wie in Leipzig, es war schwer, genügend Patienten zusammen zu bekommen, um das Schwimmbecken benutzen zu können. Es freute mich dann umso mehr, als wir vier Personen waren, um schwimmen zu können.

Aber auch hier gab es wieder Probleme, da das Wasser sehr kalt war. Es hatte nicht die Temperatur, um sich im Wasser wohlfühlen zu können. Einige Patienten wollten deshalb nicht mehr schwimmen gehen. Das rief wieder meine Initiative auf den Plan: Ich konnte nicht anders, ich musste es in der Tagesreflexion ansprechen. Diese Situation führte zu einer Diskussion mit meiner Therapeutin. Meinen Standpunkt vertrat ich genauso hartnäckig wie sie, nur mit dem Unterschied, dass sie mich am Ende spüren ließ, dass ich in ihren Augen eben doch nur ein Alkoholiker war. Sie ließ mich wie einen kleinen, dummen Schuljungen stehen, drehte sich um und sagte, sie habe jetzt keine Lust mehr, zu diskutieren. Schließlich fanden sich aber einige Verbündete, die dieses Thema ebenfalls ansprachen, und wir hatten letztendlich Erfolg. Das Wasser wurde plötzlich wärmer.

Nun war zwar eine Sache abgestellt, schon ergab sich jedoch das nächste Problem, das zur Sperrung des Beckens hätte führen können. Aus der Decke fielen nach und nach die Lampen heraus, obwohl das Bad neu renoviert worden war. Man sei in dieser Einrichtung nicht zur Kur, bekam ich dann von den Therapeuten zu hören, als ich das Problem in der Tagesreflexion ansprach.

Es lohnte sich tatsächlich, einige Themen in der Tagesreflexion anzusprechen, oft wurden sie allerdings nur zur Kenntnis genommen. Das äußerte sich dann meist durch folgende Fragen des Therapeuten: »Und wie sind Sie damit umgegangen? War es ein innerlicher Konflikt? Wie haben Sie ihn gelöst?« Ich sollte zu inneren Konflikten getrieben werden, an meine innerlichen Grenzen gehen. Das war es dann. Erledigt, abgehakt. Die Therapeuten wollten, dass ich an die Decke ging. Diesen Gefallen habe ich ihnen nicht getan. Ich bin ruhig geblieben, denn ich hatte es mir zum Vorsatz gemacht, möglichst immer ruhig zu bleiben.

Ich war schon einige Wochen in dieser Klinik, als mir langsam Zweifel kamen, ob ich mich in einer christlichen Einrichtung befand. Es sollte nur ein Puzzleteil sein, das sich im Laufe der Zeit mit anderen Puzzleteilen zu einem Gesamtbild zusammenfügte, das ich mir über diese Einrichtung machte. Dieses Puzzleteil war meines Erachtens weitaus schwerwiegender als die Lappalien, die ich in der Arbeitstherapie erlebt hatte.

Genauer gesagt waren es zwei Ereignisse, die mir meine Zweifel bescherten. Der erste Fall betraf einen Patienten aus einem anderen Haus. Es handelte sich um einen jungen Mann. Ich schätze, er befand sich im Wechsel von der späten Jugend zum Erwachsenenalter. Dieser Patient hatte einen Rückfall, was in der Klinik nicht geduldet wurde. So wurde er noch am selben Abend der Klinik verwiesen. Er musste draußen auf einer Bank übernachten, denn er hatte die finanziellen Mittel nicht, um sich ein Taxi zu bestellen. Ist das christlich?

Ich kenne die genauen Hintergründe nicht und weiß nicht, was ihn zu seinem Rückfall getrieben hat, aber der Verweis nach einem Rückfall wurde nicht immer konsequent gehandhabt. Ich hatte den Eindruck, dass Patienten mit zweierlei Maß betrachtet wurden.

Bei dem zweiten Fall, der meine Zweifel weiter nährte, ging es ebenfalls um einen Rückfall. Dieses Mal war es ein Mann in unserer Gruppe. Ein Mann in den besten Jahren, der mir beruflich und privat intelligent erschien. Er stammte – so ist es mir noch in Erinnerung – aus Bulgarien, lebte aber schon seit fünfzehn Jahren in Deutschland. Er war ein ruhiger Typ und wenn er etwas sagte, sprach er mit einem Akzent. Er blieb immer sachlich und meiner Meinung nach auch überlegt. Was ich aber nicht bemerkt hatte, war, dass er des Öfteren außerhalb der Klinik heimlich dem Alkohol zusprach. Ich erinnere mich noch ganz genau daran, dass er einmal in der Gruppenstunde sagte: »Ihr werdet euch noch wundern, am letzten Abend.« Keiner von uns Gruppenmitgliedern oder unsere Therapeutin machte sich über diese Äußerung Gedanken. Erst als es zu spät war, erinnerte ich mich an seine Äußerung. Er baute einen klassischen Rückfall mit 2,45 Promille am letzten Abend. Das war – nicht nur in meinen Augen – ein großer Hilferuf.

Wie sich herausstellte, hatte er familiäre und eheliche Probleme. Er hatte sich aber unserer Therapeutin nicht anvertraut und war in der Gruppenstunde nicht dazu gekommen, seine Probleme anzusprechen. Wie ich schon beschrieben habe, wurden nur Heimfahrten und Ausgang besprochen, aber nie über richtige Probleme, die der Alkoholiker im wahren Leben hat, geredet. So konnte er seine Probleme nicht lösen. Es hatte eine miserable Gruppenarbeit stattgefunden.

Da er am nächsten Tag entlassen wurde, waren seine Sachen schon gepackt und standen weggeschlossen in einem Raum. Er selbst wäre nicht an seine Koffer und Taschen gekommen. Eine Person vom Pflegepersonal musste ihm also sein Gepäck gegeben haben. Es war angedacht gewesen, nochmals ein Gespräch mit ihm zu führen, auf das er eineinhalb Stunden warten sollte, da unsere Gruppe gleich früh

Therapie hatte. Anfangs wollte er mit seinem Therapeuten sprechen, doch das Warten wurde ihm dann wohl zu lang. Er stand mit Sicherheit auch noch unter Restalkohol und dessen Nachlassen sorgte sicherlich dafür, dass er sich seines Fehlers immer bewusster wurde. Schließlich ist er dann regelrecht vor seinen Problemen weggelaufen.

Es ist beschämend, dass es einfach nicht möglich war, dass sich jemand von Seiten der Klinik um den Mann bemühte. Vielleicht hätte sich eine Möglichkeit ergeben, die Therapie zu verlängern. Es ist schon klar, dass man keinen Menschen gegen seinen Willen festhalten darf, aber das Traurige an dieser Angelegenheit ist doch, dass sich niemand um den Patienten gekümmert hat. Er ist gegangen und wir fragten uns, wie es in seinem Leben weitergehen würde. Würde er sich wieder fangen und hatte er vielleicht doch etwas an Erfahrung aus der Klinik mitgenommen?

Wir als Gruppe hatten dieses Vorkommnis auszubaden. Wir wurden als schlechte Gruppe hingestellt. So drückte es ein Gruppentherapeut aus, mit dem ich später noch meine Erfahrungen sammeln sollte. Er sprach nicht nur in seinem Namen, sondern gab uns zu verstehen, dass andere Therapeuten genauso dachten.

Wollten die Therapeuten mit dieser Anschuldigung gegenüber unserer Gruppe von sich ablenken? Ist da nicht die Frage berechtigt: Haben in diesem Fall nicht unsere Therapeutin und die gesamte Klinikleitung versagt? Wäre es nicht wichtiger gewesen, diesen Menschen dazu zu bewegen, einen Schritt zurückzumachen, um nochmals auf seine Probleme zu schauen? Mit Sicherheit hätte er noch einige Tage, wenn nicht sogar eine längere Zeit, in dieser Klinik verbringen können, um einen anderen Weg zu finden. Dieses Verhalten der Klinik steht im krassen Widerspruch zu meiner Auffassung von christlicher Nächstenliebe, die man in solch einer Einrichtung hofft, zu erfahren.

Ich verbrachte vier Wochen im Außendienst. Unsere Baustelle war beendet und so dachte ich mir, ich könnte bei meiner Therapeutin nachfragen, ob ich in der Tischlerei aktiv werden könnte. Meinen Wunsch äußerte ich während unseres dritten Einzelgesprächs. Ich versuchte, ihr deutlich zu machen, warum ich gern in die Tischlerei wollte. Etwas Bleibendes und etwas Nützliches wollte ich herstellen, denn in den meisten Fällen konnte man das hergestellte Produkt für einen geringen Unkostenbeitrag erwerben. Mein Vorhaben wäre es gewesen, eine kleine Überdachung für einen Gartenbrunnen zu bauen sowie ein etwas größeres Holzschneidebrett herzustellen – richtig schön mit Saftrille, wenn man einen schönen, saftigen Braten aufschneiden muss.

Ich schreibe *versuchte*, da auch diese Situation mich wieder daran glauben ließ, dass in dieser Klinik alles Berechnung der Therapeuten war. Meine Therapeutin versuchte, mich damit an meine Grenzen zu bringen. Sie hörte sich mein Anliegen an und versicherte mir, sich um meinen Wunsch zu kümmern. Ich durfte den Arbeitstherapiebereich wechseln.

Einige Tage später bekam ich Bescheid: Aus der Tischlerei ist leider der Tischdienst geworden. In der Gruppenstunde wartete sie auf eine negative Reaktion meinerseits, doch ich sagte mir wieder, dass ich ruhig bleiben musste. Da ich genau merkte, wie sie mein Gesicht beobachtete, ließ ich mir nichts anmerken. Natürlich fragte sie, wie ich mich mit der Zuteilung fühlte. Meine Antwort war ehrlich: »Nicht so berauschend, aber ich werde das Beste daraus machen.«

Ich hatte am Anfang keine Lust auf den Tischdienst, was sich allerdings rasch ändern sollte. Beim Tischdienst wurde nämlich in Schichten gearbeitet. So hatte man den Vorteil, mehr Freizeit zu haben. Diese nutzte ich, um mit dem Fahrrad die Gegend zu erkunden. Ich hatte Zeit, zu erleben, wie schön die Landschaft in dieser Ecke unseres Landes ist – wobei ich sagen muss, dass es überall schön ist, man muss nur die Schönheit der Natur entdecken.

Ich habe die schönsten Fahrradtouren gemacht. Und das mit Fahrrädern, die oft nicht viel mit einem Fahrrad zu tun hatten. Wenn Sie diese Räder sehen könnten, würden Sie mir bestimmt nicht glauben, dass ich damit bis nach Großenhain, Radeburg, Meißen, Coswig, Radebeul und sogar bis nach Dresden geradelt bin. Von dieser Landschaft schwärme ich heute noch. Das Spitzhaus oberhalb von Radebeul bietet einen tollen Ausblick bis hinüber nach Tschechien. Aber einen noch besseren Aussichtspunkt sollte ich auf einer Nebenstrecke zwischen Meißen und Radeburg finden. An diesem Plätzchen Erde kam kaum ein Fahrzeug vorbei, Ruhe pur. Dieser Ausblick entschädigte mich für so manche nervliche Belastung. Natur, so weit das Auge reichte. Ich war so begeistert, dass ich des Öfteren dort meine Ruhe suchte. Dort konnte ich richtig entspannen. Man muss lernen, etwas genießen zu können, weil auch das zum Leben dazugehört.

Da ich gerade beim Thema Fahrrad bin: Die Fahrräder mussten zu einer bestimmten Zeit wieder abgegeben werden, aber ich fand es in diesem Moment dort so schön. Zeit hatte ich auch, da ich keine Therapie an diesem Tag hatte. Und so beschloss ich, einfach nicht zu der vorgeschriebenen Zeit wieder in der Klinik zu sein, um mir den schönen Ausblick noch eine Zeit lang zu gönnen. Dann war das Rad eben unterwegs defekt gewesen, hier musste ich erfinderisch werden. Das klang glaubwürdig, denn es war nicht immer einfach, mit diesen betagten Rädern unterwegs zu sein. Dass so ein Rad defekt war, kam des Öfteren vor. Ein Rad wollte mich einmal ganz schön ärgern. Es hatte den Willen, von Meißen zurück in die Klinik geschoben zu werden. Ich erfüllte dem Drahtesel seinen Wunsch und führte ihn zu Fuß in seinen Stall zurück.

Ich wählte bewusst solch lange Radtouren, damit ich einige Zeit aus dieser Klinik verschwunden war. Ein weiterer Grund dafür war, dass ich mich weiter weg von der Klinik als normaler Mensch fühlen konnte. Keiner sah mir an, wo ich herkam, denn die Bevölkerung in der näheren Umgebung sah uns schon an den Rädern an, woher wir kamen.

Der Tischdienst verlief ohne Probleme und ich setzte mich in der sogenannten Teeküche fest. Diese hieß so, weil dort die Behälter mit dem Tee standen. In der Regel wurde eine Schicht von vier Patienten übernommen: einer an den Tabletts zum Abwischen, zwei an der großen Geschirrspülmaschine und ich in der Teeküche.

Ich hatte die Aufgabe, das gespülte Geschirr anzunehmen, abzutrocknen und in die Regale zu stapeln. Die Ordnung im Speisesaal wurde dann von allen nach den Mahlzeiten gemeinsam wiederhergestellt. Ja, mir machte diese Arbeit richtig Spaß. Das blieb auch den Therapeuten nicht verborgen, hatte ich doch in der Tagesreflexion nichts im Hinblick auf die Arbeitstherapie zu kritisieren. Es gab andere Themen, die sich allmählich in den Vordergrund drängten.

Mittlerweile hatte ich einen neuen Raumteiler bekommen. Er war älter als ich. Ein zurückhaltender Mensch, der noch auftauen sollte. Ein ruhiger Vertreter, der von Angst geplagt war, was seinen weiteren beruflichen Werdegang und seine finanzielle Lage anbelangte. Er bekam durch die Arbeit des Sozialdienstes große Schwierigkeiten, was so weit führte, dass er mächtig zu kämpfen hatte, die Therapie weiterzuführen, und mit Abbruchgedanken spielte. Seine Angst wurde nicht zuletzt von dem Klinikpersonal verursacht. Auch unsere Therapeutin hatte einen Anteil daran, dass seine Angst in dieser Hinsicht nicht kleiner wurde. Eher noch schürte sie diese Angst in Einzelgesprächen. Er solle am besten vom Gericht einen Betreuer zugewiesen bekommen. Das konnte er mit großer Mühe abwenden. Ich denke, ich konnte ihn durch Gespräche immer wieder so weit aufbauen, um die Therapie zu Ende zu führen. Ich versuchte, ihn immer davon zu überzeugen, positiv zu denken, dann würde die Sache schon klappen. Das machte er dann schließlich und siehe da, er hatte seine Arbeit nach der Therapie und alles ging wieder seinen geregelten Gang. Ich bin froh, dass es ihm wieder gut geht. Sicherlich hat er weiterhin mit einigen Schwierigkeiten zu kämpfen, aber mit einer positiven Grundeinstellung wird ihm auch das leichter fallen.

Als etwa die Hälfte meiner Therapiezeit geschafft war, stellte ich den ersten Antrag auf Heimfahrt. Da unsere Therapeutin drei Tage Urlaub machen wollte, stellte ich den Antrag rechtzeitig. Dafür gab es Antragsformulare, die mit einer Begründung und einer genauen Planung auszufüllen waren. Es sollte ein Besuch bei der Suchtberatung, beim Arbeitsamt und ein Besuch einer Selbsthilfegruppe während der Heimfahrt stattfinden. Den Antrag füllte ich gewissenhaft aus, war sogar bereit, die Suchtberatungsstelle aufzusuchen. Für meine Heimfahrt erstellte ich einen minutiös ausgearbeiteten Plan, um diesen in der Gruppenstunde vorzustellen. Unsere Therapeutin stand währenddessen an der Wandtafel und notierte einige Punkte zu meinen Ausführungen. Am Ende meiner Präsentation stand sie da und sagte nur: »Super, Herr Hönemann, vielen Dank für Ihre Offenheit und Mitarbeit.«

Alle Gruppenmitglieder waren der Meinung, diese Heimfahrt sei so gut wie genehmigt. Ich machte mir große Hoffnungen und war voller Vorfreude. Ich wollte ja auch meine Dusty sehen. Wie groß sie wohl geworden war?

Wie erwähnt hatte unsere Therapeutin drei Tage Urlaub und wurde zu allem Übel danach krank. Jetzt sollte für mich eine Zeit anbrechen, die sich bis zum Ende der Therapie als Spießrutenlauf gestaltete.

Von diesem Tag an befand ich mich nur noch auf Konfrontationskurs mit den Therapeuten. Die folgenden Schilderungen sind nicht erfunden und entsprechen den Erfahrungen, die ich gemacht habe. Ich schildere dies, da ich enttäuscht von der Art und Weise war, wie mit Menschen in einer christlichen Klinik umgegangen wurde. Ich habe viele Menschen kennengelernt, die meine Schilderungen nicht glauben konnten. Es ist eigenartig, aber wenn einmal etwas schiefläuft, läuft alles schief und nimmt kein Ende. Da ich nicht gerade ein Mensch bin, der alles hinnimmt und seine Fahne nach dem Wind dreht, war ich ein gefundenes Fressen für die Therapeuten.

Erinnern Sie sich noch an die Frage aus der Soteria Klinik, warum bei mir immer alles selbstverständlich sei? Ich habe an mir gearbeitet, um einige Dinge anders zu betrachten und nicht mehr alles einfach hinzunehmen.

Mein Antrag auf Heimfahrt war gestellt und ich war noch allerbester Hoffnung, was die Genehmigung anbelangte. Es war nicht so, dass alle Heimfahrten genehmigt wurden – es war relativ selten, dass ein Patient eine Heimfahrt so genehmigt bekam, wie er sie sich in seiner Planung gedacht hatte. Der Wunsch ist der Vater des Gedankens und der Planung.

Ein Gruppenmitglied hatte es zum Beispiel schwer, sich den Fragen zu stellen, die in den normalen Gruppenrunden zustande kamen. Wie sollte das erst bei der Beantragung seiner Heimfahrt werden? Er brachte es einfach nicht fertig, seine Heimfahrt richtig zu präsentieren. Er brauchte zwei Wochen, um wenigstens zwei von drei beantragten Tagen genehmigt zu bekommen. Drei Tage umfassten zum Beispiel einen Zeitraum von Montag früh bis Mittwochabend, sodass derjenige, der gerade einmal einen Tag bekam, am selben

Abend wieder in der Klinik sein musste. Bei einer Heimfahrt von zwei Tagen konnte der Patient nur eine Nacht zu Hause verbringen. Ein weiterer Mitpatient sollte am nächsten Tag gegen 13.00 Uhr wieder in der Klinik sein. Er versuchte, der Therapeutin zu erklären, dass es ihm nicht möglich sei, schon um diese Zeit zurück zu sein. Er könne erst am Abend da sein, da es die Bus- und Bahnverbindungen nicht anders hergaben. Unsere Therapeutin ließ nicht mit sich reden. Er kam schließlich erst am nächsten Abend zurück, sodass er daraufhin eine Ausgangssperre bekam. Das machte ihm jedoch nichts weiter aus, es fehlten ihm ohnehin nur noch zehn Tage bis zur Entlassung.

Sicher fragen Sie sich nun, wie man die Besuche bei den Suchtberatungen und beim Arbeitsamt schaffen sollte, wenn man erst am Morgen eines Tages fahren durfte und eine Wegstrecke von mehreren Stunden hatte, bis man überhaupt zu Hause ankam, nur um dann am nächsten Tag pünktlich wieder loszufahren, um rechtzeitig wieder in der Klinik zu sein. Das habe ich mich in der Klinik auch gefragt.

Dann war da in unserer Gruppe eine junge Frau, die gleich am Tag ihrer Ankunft einen jungen Mann kennenlernte. Der war einem anderen Haus zugeordnet und somit in einer anderen Gruppe. Die Frau hatte es gesundheitlich schwer getroffen, was die Folgeerkrankungen anging. Sie hatte massive Schmerzen in den Beinen, da ihr – wie bereits beschrieben – die Nerven in den Beinen abgestorben waren und sich langsam wieder regenerierten. Sie konnte nicht weit laufen, sodass die zwei sich immer am Abend im Speiseraum trafen und sich unterhielten. Sie waren nicht das einzige Pärchen, das sich dort einfand.

Es gab Pärchen, die sich wochenlang abends dort trafen und auch außerhalb der Klinik ihre Freizeit zusammen verbrachten. Ich hatte nichts dagegen, aber es wunderte mich, dass von Seiten der Klinik nichts gegen diese Pärchenbildung unternommen wurde, schließlich war die Paarbildung in diesen Kliniken untersagt. Der Grund dafür war, dass sich der Patient in dieser Situation nicht mehr auf seine Therapie konzentrierte, ähnlich einer Suchtverlagerung. Das Zustandekommen dieser Beziehungen kann ich mir damit erklären, dass viele Alkoholiker allein leben und froh sind, wieder einen Menschen gefunden zu haben, mit dem sie gern zusammen sind. Vermutlich spielten auch Schmetterlinge im Bauch eine Rolle dabei.

Die Therapeuten hatten sich auf die junge Frau aus unserer Gruppe und ihren Partner richtig eingeschossen. Plötzlich wurden ihre abendlichen Treffen verboten. Ein Grund für die Trennung der Verbindung der beiden, den ich erst einige Zeit später für mich erkannte, war, dass der junge Mann nicht zum ersten Mal in dieser Klinik war. Er war sogar erst vor kurzer Zeit hier gewesen und hatte eine Langzeittherapie abgebrochen. Sicherlich wussten die Therapeuten also von seiner Einstellung zur Therapie, die nicht gerade die beste war.

Wir saßen abends auf einen Tee zusammen und durch seine Äußerungen erkannte ich, dass er nicht lange trocken bleiben wollte, was sich bald bestätigen sollte. Es wurden dann Gespräche zwischen dem Pärchen und den Therapeuten geführt, über deren Inhalt ich nicht viel sagen kann. Das Ziel der Gespräche war jedoch, dass die zwei sich nicht mehr treffen sollten. Auch eine geplante Heimfahrt spielte dabei eine Rolle, die die beiden wohl im gleichen Zeitraum nutzen wollten. Der therapeutische Informationsaustausch funktionierte hervorragend, bedeutend besser als manch andere Sache in dieser Klinik.

Dann kam der Montag, an dem unsere Therapeutin ihren ersten Urlaubstag hatte. Das Pärchen hatte im Vorfeld nicht nur im Gruppengespräch, sondern auch in Einzelgesprächen mit Therapeuten Abbruchgedanken geäußert und wollte dieses Vorhaben an diesem Tag in die Tat umsetzen.

Die diensthabende Therapeutin war zufällig aus unserem Haus und wir waren schwimmen. Ausgerechnet, als wir nur noch zu dritt im Schwimmbecken waren, musste sie zur Kontrolle kommen. Der erste Tadel für diesen Abend saß, der zweite sollte folgen. Die Therapeutin wurde von der Aufnahmestation darüber informiert, dass das Pärchen seine Sachen packte, um die Therapie abzubrechen. Ich habe es noch genau in Erinnerung: Die Therapeutin kam uns entgegen, als wir das Schwimmbad verließen, und sprach mich an. Ich wusste gar nicht, was sie von mir wollte, als sie sagte: »Zu dritt schwimmen gehen? Können Sie sich nicht lieber um Ihr Gruppenmitglied kümmern? Was sind Sie bloß für eine Gruppe! Da bricht einer ab und Sie gehen seelenruhig schwimmen.« Ich stand überfordert da in meinem Bademantel. Zwei Frauen aus meiner Gruppe kamen hinzu und ich schaute sie erst einmal fragend an. Vor Schreck wusste ich gar nicht, was ich sagen sollte, bis ich dann von dem bevorstehenden Abbruch erfahren musste. Hätte ich Zeit und Datum erahnen können? Die Therapeuten waren gewarnt gewesen. Sie waren es, die in diesen Momenten gefragt waren.

Schließlich verabschiedeten wir uns im Foyer von dem Pärchen. Es war ihr eigener Wille, zu gehen. Da konnten wir noch versuchen, zu reden. Es half nichts, ihre Entscheidung war gefallen. Meine Erinnerungen an meinen Abbruch in der Soteria Klinik kamen wieder hoch. Auch bei mir hatte es damals kein Halten mehr gegeben.

Sicherlich war das für die diensthabende Therapeutin unangenehm, denn sie musste sich jetzt vor der Klinikleitung verantworten. Wir bekamen wieder zu hören, dass wir eine schlechte Gruppe seien. Wir hätten uns nicht genug um unser Gruppenmitglied gekümmert, die Frau aus unserer Gruppe nicht genug in die Gruppenarbeit eingebunden. Ich erinnere mich nicht mehr an alle Vorwürfe, die wir uns von den Therapeuten anhören mussten. Ihr Abbruch hatte aber nicht daran gelegen, dass wir uns nicht um sie gekümmert hatten. Wir wussten, dass sie, obwohl sie noch verheiratet war, ein einsames Leben führte. Ihr Mann versorgte sie nur mit Schnaps und lebte mit einer anderen Frau zusammen. Es ist schließlich nicht so, dass Alkoholiker keine Gefühle haben. Die Frau musste sich jahrelang einsam gefühlt haben und jetzt war da jemand, mit dem sie sich gut verstand. Es war sicherlich eine gegenseitige Zuneigung, die die beiden füreinander empfanden. In einem Gespräch mit ihr, das wir vor ihrem Abbruch führten und in dem es um die Probleme mit den Therapeuten ging, sagte sie mir, dass sie jetzt jemanden hatte, der ihr zuhörte, mit dem sie sich verstand. Es war eine Hoffnungslosigkeit in ihrer Stimme wahrzunehmen. Angst darum, dieses Gefühl, von jemandem verstanden zu werden, zu verlieren. Es durch Dritte kaputtgemacht zu bekommen. Ist es da verwunderlich, dass ein Mensch die Flucht ergreift, um sein neu gefundenes Glück zu retten? Sollte sie es sich wieder zerstören lassen? Ich denke mir, dass es den allermeisten in ihrer Situation genauso gegangen wäre. Ich weiß nicht, ob es Liebe war, aber wenn es so war, ist es wohl verständlich, dass man in solchen Situationen kopflos reagiert.

Ich konnte mir die Vorwürfe gegenüber unserer Gruppe nicht mehr anhören, sodass ich meine Meinung sagen musste. Ich drehte den Spieß um und machte kurzerhand die Therapeuten verantwortlich. Ich war und bin heute noch immer der Meinung, dass die Therapeuten nicht nur in diesem Fall versagt haben. Das äußerte ich auch in einer Gruppenstunde in Zusammenhang mit einem anderen Problem. Es stellte sich mir die Frage, warum ausgerechnet diese beiden ihren abendlichen Treffen nicht mehr nachkommen durften, wohingegen sich andere Pärchen weiterhin treffen durften und von Seiten der Klinik keine Schritte unternommen wurden. Diese Zweifel wurden angesprochen, sodass die Klinik schließlich reagieren musste, was zur Folge hatte, dass ein weiteres Pärchen die Therapie abbrach.

Mein Vorwurf an die Klinik und die Therapeuten war, dass sie sowohl über den jungen Mann und seine Einstellung zur Therapie als auch über die junge Frau und deren zunehmende gesundheitliche Besserung Bescheid wussten und diese Informationen bei ihrer Entscheidung gegen die Treffen mit in die Waagschale hätten legen müssen. Sie hätten der Frau zeigen müssen, dass sie mit ihrem Therapieabbruch einen Fehler beging. Hätten ihr erklären müssen, was ein Abbruch und ein möglicher Rückfall für ihre Gesundheit bedeutete. Es ist schade, dass die Therapeuten dies nicht vermochten.

Schließlich kam der Tag, an dem ich die Quittung dafür bekam, dass ich mir erlaubt hatte, meine Meinung zu sagen. Meine Heimfahrt wurde nicht genehmigt. Sie sei aus therapeutischen Gründen nicht notwendig, hieß es von dem Therapeuten, der bei uns Vertretung machte. Es herrschte bedrücktes Schweigen in der Runde. Es war gleich früh am Morgen in der ersten Therapiestunde, als ich das erfahren durfte. Ich gab mich nicht einfach geschlagen, aber es sollte noch besser für mich kommen.

Aus einer vorangegangenen Gruppenstunde war mir noch in Erinnerung, dass sich ein Gruppenmitglied in der Öffentlichkeit geschämt hatte, Alkoholiker zu sein. Dieses Thema wollte ich nun ansprechen: »Muss ich mich in der Öffentlichkeit und überhaupt schämen, ein Alkoholiker zu sein?«

Ich kam gerade bis zum ersten Wort. Dann wurde mir der Mund verboten. Der Therapeut sagte wörtlich zu mir: »Seien Sie ruhig, Herr Hönemann.« Und das war erst der Anfang. Er sagte, ich komme ihm vor wie ein »schmal denkender, breit

fahrender, holprig poltriger Panzer, der mit Weinbrandbohnen schießt.« Es verwunderte mich sehr, so betitelt zu werden,
denn einige Zeit davor hatte mich unsere Therapeutin als
nachdenklichen und sachlichen Patienten eingeschätzt. Es
prallten Welten aufeinander.

Unsere Therapeutin war in der Woche, in der ich meine
Heimfahrt geplant hatte, wieder anwesend. Am Freitag war
ein Gespräch um 11.00 Uhr geplant, an dem meine Frau
hätte teilnehmen sollen, wenn sie mich für die Heimfahrt ab-
geholt hätte. Das war nun hinfällig und meine Frau brauchte
nicht zu kommen. Wofür sollte sie 240 Kilometer fahren, um
dann ohne mich nach Hause fahren zu müssen? Wofür sollte
sie einen Tag Urlaub nehmen? Zeit für sie hätte ich sowieso
nicht gehabt, ich hatte schließlich Therapie bis abends. Ich
teilte meiner Therapeutin den Ausfall dieses Gesprächs gleich
am Montag mit, doch sie wollte oder konnte es nicht verstehen. Sie sprach mich immer wieder darauf an, dass meine
Frau doch kommen solle. Ich gab ihr zu verstehen, dass meine
Frau keinen Urlaub für einen Tag nehmen konnte, um dann
für ein Gespräch von vielleicht einer Stunde so weit zu fahren.

Erst als ich ihr deutlich machte, dass ich nicht mehr wollte,
dass meine Frau kam, gab sie vorerst Ruhe. Sicherlich hätte
ich in der Vergangenheit zu diesem Zeitpunkt schon längst
meine Sachen gepackt und die Therapie abgebrochen. Ich
sagte mir jedoch, dass ich dieses Mal nicht davonlaufen und
mich den Herausforderungen stellen würde.

Es war eine Unsitte unserer Therapeutin, dass sie permanent
mindestens fünf Minuten zu spät zur Therapiestunde oder zur
Tagesreflexion kam. Sie hatte es nicht einmal nötig, sich für
ihr Zuspätkommen zu entschuldigen. Meiner Meinung nach
war das unhöflich, wo doch von allen Patienten ein pünkt-
liches Erscheinen verlangt wurde. Das ließ ich sie spüren,

indem ich sie darauf aufmerksam machte, sie möge uns doch bei dem Therapeuten, bei dem wir die nächste Therapie hatten, für die ersten fünf Minuten entschuldigen, da sie es nicht fertigbrachte, ihre Therapiestunde pünktlich zu beenden.

Das ging sogar einmal so weit, dass sie mir anbot, die Therapiestunde kurz vor dem Ende zu verlassen, da sie schon wieder überzog und ich demonstrativ immer wieder auf meine Armbanduhr schaute. Sie sagte zu mir: »Herr Hönemann, wenn es Ihnen nicht passt und zu lange dauert, können Sie auch die Gruppenstunde verlassen.« Alle Blicke der Gruppe waren jetzt auf mich gerichtet, es knisterte förmlich im Raum. Ich schaute sie an und wusste, dass ich handeln musste. Es waren nur Sekunden der Entscheidung. Ich wollte mein Gesicht gegenüber der Gruppe nicht verlieren und so stand ich auf und verließ den Raum. Wenn ich geblieben wäre, hätte ich einen Teil meiner Glaubwürdigkeit gegenüber der Gruppe verloren. So hätte ich wieder gekuscht. Es wäre wie in meiner nassen Zeit gewesen, als ich zu allem Ja und Amen gesagt hatte, auch wenn ich anderer Auffassung gewesen war.

Ich wusste den Rückhalt in unserer Gruppe auf meiner Seite und schätzte ihn. Der Vertretungstherapeut war wenigstens immer pünktlich gewesen. Er war es, der uns darauf hingewiesen hatte, dass wir es dem Therapeuten ruhig sagen konnten, wenn er die Gruppenstunde überzog. Das habe ich mir in diesem Fall zu Herzen genommen, um zu sehen, wie unsere Therapeutin damit umging. Sie war verblüfft, zu sehen, dass ich einfach ging.

Die Therapie nahm ihren Lauf und es änderte sich nichts an den Therapiestunden.

Als mein Aufenthalt schon fortgeschritten war, wurde von der Klinik ein Familienseminar angeboten und die Patienten wurden darum gebeten, anzugeben, ob ihre Familie daran teilnehmen würde oder nicht. Ja, wir Patienten wurden regelrecht dazu gedrängt, dass unsere Angehörigen daran teilnahmen. Auch ich wurde in den Therapiegesprächen und bei Einzelgesprächen von meiner Therapeutin immer wieder aufgefordert, dass meine Frau teilnehmen solle. Ich sollte mit meiner Frau sprechen, damit sie daran teilnahm, was sie aber nicht wollte und ich riet ihr auch davon ab.

Jetzt werden Sie bestimmt denken, ist der stur. Ja, aber meine Sturheit hat mich in Sachen Alkohol auch trocken bleiben lassen. Im Gegenzug beantragte ich gleich eine Heimfahrt für das kommende Wochenende. Mir war natürlich klar, dass ich diese nicht genehmigt bekommen würde, doch ich machte mir meinen Spaß daraus.

Als ich den Antrag bei meiner Therapeutin in der Gruppenstunde abgab, schaute sie verdutzt. Sie schien überrascht, dass ich die Dreistigkeit besaß, nicht nur meiner Frau zu untersagen, zum Familienseminar zu kommen, sondern auch noch frech einen Heimfahrtantrag abzugeben. Sie wies mich darauf hin, dass es mir doch bekannt sein müsse, dass an diesem Wochenende keine Heimfahrten genehmigt wurden. Sie reichte mir meinen Antrag gleich zurück.

Das war es dann mit dem Thema Heimfahrt für mich. Für einen neuen Antrag hätte meine Aufenthaltszeit nicht mehr ausgereicht und die Lust war mir vergangen. Ich konnte mir dann des Öfteren von meiner Therapeutin anhören, dass sie es schade fand, dass ich keine Heimfahrt gemacht hatte. Ich gab ihr dagegen des Öfteren zu verstehen, dass ich gern gefahren wäre, aber nicht gedurft und dann keine Lust mehr darauf gehabt hatte, mir ihr Gefasel wie »Danke für Ihre Offenheit und Mitarbeit« anzuhören. Das brauchte ich nicht mehr, in dieser Hinsicht war ich gesättigt.

Im Nachhinein war und bin ich froh, dass meine Frau nicht am Familienseminar teilgenommen hat, denn das, was mir einige Teilnehmer berichteten, war für die Patienten und deren Angehörige nicht gerade aufbauend. Es handelte sich dabei um einen Programmpunkt am letzten Abend des Seminars. Die Klinik hatte eine AL-Anon-Gruppe geladen. Die AL-Anon-Familiengruppen sind eine Gemeinschaft von Verwandten und Freunden von Alkoholikern, die ihre Erfahrung, Kraft und Hoffnung miteinander teilen. Sie haben in der Klinik über ihre Arbeit gesprochen. Die Angehörigen der Patienten waren sehr enttäuscht über die Informationen, die sie in diesem Vortrag bekamen. Sie deckten sich nicht im Geringsten mit ihren Erwartungen, waren sie doch in der Hoffnung gekommen, etwas Aufbauendes zu erfahren.

Diese Gruppe ließ kein gutes Haar an uns Alkoholikern, sie ging sogar so weit und behauptete, es würden sowieso alle wieder rückfällig werden. Für die Angehörigen, die sich doch gute und nützliche Ratschläge für ein weiteres Leben mit einem Alkoholiker erhofft hatten, spendete der Vortrag daher wenig Hoffnung. Dieser Auftritt der AL-Anon-Gruppe sorgte noch lange Zeit für Gesprächsstoff unter uns Patienten sowie einigen Angehörigen, die zu Besuch waren.

Ungefähr sechs Wochen vor meiner Entlassung, in den turbulenten Zeiten, sollte der Küchendienst zu Ende gehen und ich kam doch noch in die Tischlerei. Aber nicht, dass ich nun endlich das herstellen konnte, was mir vorschwebte, nein.

Ich bekam den Auftrag, einen Tisch zu bauen, der einen Meter lang, fünfzig Zentimeter breit und fünfzig Zentimeter hoch sein sollte. Ich bekam einen Zettel und einen Bleistift in die Hand gedrückt, um eine Skizze zu erstellen. Das war kein Problem, technisches Zeichnen hatten wir in der Lehre gelernt und etwas war davon hängen geblieben. Also dauerte es nicht lange und die Zeichnung stand. Nun musste ich das richtige Holz, das Rohmaterial, aussuchen, denn es waren ganz normale, einfache Bretter. Diese sollten aus wirtschaftlichen Gründen so gewählt werden, dass so wenig Verschnitt wie möglich entstand. Das Zuschneiden musste ich mit der Hand erledigen, denn nur bestimmte Arbeiten wurden vom Tischlermeister an Maschinen ausgeführt.

Bisher hatte alles gut funktioniert, bis ich die Tischbeine rechtwinklig hobeln sollte. Ich hatte so etwas in meinem Leben noch nicht machen müssen, also ließ ich es mir zeigen. Ich hobelte und hobelte, bis ich mit meiner Arbeit zufrieden war und beim Tischlermeister nachfragte, ob es so recht war. Es galt, noch etwas nachzuhobeln, doch dann machte ich einen Fehler: Ich fragte nach geraumer Zeit abermals nach und bat um eine nochmalige Kontrolle. Sogleich bekam ich ein therapeutisches Gespräch mit dem Tischlermeister verpasst. Der Tischlermeister hatte natürlich eine therapeutische Ausbildung genossen.

Diese Unterredung dauerte über eine Stunde. Ich kam an diesem Tag also nicht mehr weiter mit meinem Tisch und war andererseits um eine Erfahrung reicher, denn der Tischlermeister war der Annahme, ich sei Alkoholiker geworden, weil mir die Bestätigung und Anerkennung meiner Mitmenschen für meine geleistete Arbeit fehlte. Er versicherte mir, dass ich diese ebenfalls nicht von ihm bekommen würde. Ich bin der Auffassung, dass jeder Mensch schon im Kindesalter merkt, ob man besonders viel Aufmerksamkeit und Anerkennung für seine erbrachte Leistung benötigt.

Unsere Gruppentherapeutin erfuhr natürlich von diesem Gespräch und so hatte sie wieder einen Grund, um mich zu einem Einzelgespräch vorzuladen. Ich machte ihr meine Einstellung deutlich, indem ich sie fragte, ob sie nicht lieber ein Lob von der Klinikleitung wollte, als immer nur eins auf den Deckel zu bekommen. Sie gab mir sogar recht.

Hinter vorgehaltener Hand wurde getuschelt, dass der Tischlermeister auch eine Suchterkrankung haben sollte. Was für eine, wusste keiner genau. Der Zufall ergab, dass wir locker mit ihm ins Gespräch kamen, und so dachte ich mir, ich könne vorsichtig nachbohren, um zu sehen, ob ich ihm etwas entlocken konnte. Und siehe da, nach fast eineinhalb Stunden war ich am Ziel: Er sprach von seiner Suchterkrankung und davon, dass er sie schon seit einigen Jahren unter Kontrolle hatte. Er war hingegen nicht so offen wie unser Therapeut im Außendienst, der uns gleich seine Alkoholabhängigkeitserkrankung offenbart hatte.

Letztlich überstand ich die restlichen Tage in der Tischlerei mit mehr oder wenigeren Einzelgesprächen. Den Tisch habe ich nicht fertig bekommen. Ich denke, diesen hat dann ein anderer Patient weiter gebaut. Es war nur schade, dass ich danach nichts hatte, was ich als Andenken mit nach Hause hätte nehmen können.

Das wollte ich in der Beschäftigungstherapie, die ich zwei Wochen vor meiner Entlassung statt der Arbeitstherapie besuchte, ändern. Ich wollte ein Bild gestalten, wie es eine Mitpatientin machte. Das wurde mir zunächst von der Therapeutin verwehrt. Heute denke ich, sie verwehrte es mir, weil das Bild materialaufwendig war, was ich auch etwas später zu hören bekommen sollte. Erst nach längeren Diskussionen durfte ich es dann doch gestalten.

Ich gestaltete mein Bild und bin der Meinung, dass es mir gelungen ist. Nun war es aber so, dass ich gleich wieder ein Einzelgespräch bekam. Ich bekam zu hören, dass ich die Farbe viel zu dick aufgetragen hätte, wodurch ich wieder ins Grübeln kam, denn es war genauso wie das Bild meiner Mitpatientin. Ich bekam außerdem zu hören, dass ich stur sei und immer nur meinen Kopf durchsetzen wolle. Sicherlich werden Sie jetzt denken, dass es doch nicht geht, dass ein Patient ständig so unter Druck gesetzt wird. Das sind aber leider die Tatsachen und nicht nur mir erging es so.

In den letzten vierzehn Tagen der Gruppentherapie brachte ich mich nur noch in Schwierigkeiten. In jeder Therapiestunde war etwas anderes. So durfte ich mir beispielsweise anhören, dass meine Trockenheit nur darauf beruhte, dass ich so stur war (meine Sturheit sollte mich in einigen Situationen in meinem weiteren Leben vor einem Rückfall schützen), und andere Wege gehen solle. Muss man als trockener Alkoholiker Sturheit nicht bis zu einem gewissen Maß dem Verlangen nach Alkohol entgegensetzen? Wenn es innerlich anfängt, zu brennen, und das Verlangen nach Betäubung da ist?

Ich akzeptierte die Meinung meiner Therapeutin und fragte gleich nach den anderen Wegen. Sie solle mir diese nennen und aufzeigen, woraufhin sie mir versicherte, diese in der nächsten Stunde vorstellen zu wollen. In der nächsten Stunde fragte ich also nach, wie diese Wege nun aussahen und wo sie lang gehen würden. Auf einmal beteuerte sie, sie hätte das nie gesagt, aber es war schlecht für sie, dass alle anderen Gruppenmitglieder es gehört hatten.

Jeden Tag war etwas anderes: Mein Suchtdiagramm durfte ich gleich an zwei Tagen an die Wandtafel zeichnen, meinen Suchtverlauf schildern, meinen Aufenthalt in Wermsdorf schildern – sie versuchte es jeden Tag. Selbst am letzten Tag, an dem ich mich eigentlich von der Gruppe hätte verabschieden und von jedem Gruppenmitglied etwas Symbolisches hätte bekommen sollen, durfte ich an der Wandtafel stehen. Die Verabschiedung wurde mir nicht zuteil.

Ich möchte nun aber auch noch etwas Positives anbringen, das in dieser Klinik gemacht wurde. Es gab die Möglichkeit, an der Berufsorientierung teilzunehmen, in der der Patient dazu angehalten wurde, sich ausgiebig mit seinem weiteren beruflichen Werdegang zu beschäftigen. Dafür standen einige Informationsbroschüren und Bücher bereit. Durch die Zusammenarbeit mit einem Sozialarbeiter wurde nach neuen beruflichen Möglichkeiten gesucht. Am Ende dieses Seminars stand ein Gespräch mit einem Mitarbeiter der Rentenversicherung an, um über die beste Eingliederungsmöglichkeit zu sprechen.

Weiterhin gab es einen Therapiepunkt, der sich mit sinnvollem Essen beschäftigte, an dem ich teilnehmen durfte. Therapiemöglichkeiten wie diese konnte der Patient nicht frei wählen, sondern sie wurden vom jeweiligen Therapeuten festgelegt.

Die letzten Tage in der Klinik brachen an. Es war üblich – ein ungeschriebenes Gesetz – dass in den letzten Tagen nicht zum Frühsport gegangen wurde, und ich hielt es genauso, bis der Donnerstag kam. Ich ging nicht zum Sport und erntete wieder eine Rüge. Und nicht nur deswegen: Ich hatte mich auch gekonnt vor den drei abendlichen Besuchen einer Selbsthilfegruppe, die sich in der Klinik vorstellte, gedrückt. Ich war eigentlich gewillt gewesen, die drei Pflichtvorstellungen zu besuchen.

Es war schon einige Zeit her gewesen, als ein Patient diese drei Besuche ebenfalls nicht absolviert hatte und es unserer Therapeutin nicht aufgefallen war. Daraufhin wurden diejenigen, die noch nicht teilgenommen hatten, in der Gruppenstunde gefragt, wann sie dies tun würden. Einige gerieten bei der Antwort ins Rudern. Ich hatte damals geantwortet: »Ich gehe in den letzten Wochen, da ist dann alles noch schön frisch und ich kann diese Erfahrungen möglichst gleich umsetzen.« Damals war meine Therapeutin zufrieden gewesen, doch ich musste sie enttäuschen.

Ich kam letztlich zu der Meinung, nichts davon zu haben, wenn ich wusste, was in der Selbsthilfegruppe in Dresden gemacht wurde, ich aber bei Bad Düben ohnehin keine Gruppe hatte. Das war allerdings nicht der ausschlaggebende Grund für meine Verweigerung der Teilnahme. Ich bin ehrlich, ich habe es vorgezogen, schwimmen zu gehen. Ich sah in der Bewegung mehr Sinn für mich.

Sie werden sicher denken, dass ich egoistisch gehandelt habe. Ja, das habe ich. Ich musste an das denken, was mir guttat. Nach dieser Rüge zum verpassten Besuch der Selbsthilfegruppe sprach mich die Physiotherapeutin auf den Frühsport an und ich versprach ihr, am letzten Tag, dem Freitag, am Frühsport teilzunehmen, mit der Absprache, dass ich den Frühsport leiten dürfe. Das machte ich dann tatsächlich am nächsten Morgen. Sie war überrascht, dass ich den Mut hatte, mich vor allen Patienten als Animateur zu präsentieren. Es war mir ein Spaß und es haben alle mitgemacht, was sehr selten war.

Obwohl mir in der letzten Therapiestunde mein Abschied verwehrt wurde, bereitete mir meine Gruppe am Abend eine Freude beim wöchentlichen Gruppenabend. Wir holten die Verabschiedung nach. Es war schön und ich bekam meine kleinen Geschenke.

Ich hatte es so gut wie geschafft. Das letzte Wochenende brach an und dann waren die sechzehn Wochen beendet, in denen ich wieder etwas fürs Leben lernen durfte.

Ich bin – das können Sie mir glauben – einige Male hart an meine innerlichen Grenzen gegangen. In vielen Situationen hätte ich gern meine Sachen gepackt und die Therapie abgebrochen. Gerade zur Hälfte meines Aufenthaltes, als ich keine Heimfahrt bekam, war es schwer und die Enttäuschung war groß. Ein Abbruch wäre für mich aber wie ein Rückfall gewesen: Ich wäre in das alte Muster, den leichtesten Weg zu gehen, zurückgefallen. Diesen bin ich mit meinem Alkoholkonsum in nassen Zeiten gegangen. Ich hatte mir vorgenommen, es diesmal durchzustehen, die Flucht kam nicht infrage.

Ein weiterer Grund dafür, dass ich diesmal die Therapiezeit durchgehalten habe, waren die Mitpatienten. Ich konnte nun, da ich es in Wermsdorf gelernt hatte, auf Mitmenschen zugehen, um sie kennenzulernen. Ich bin froh, dass ich damals den Aufenthalt in Wermsdorf genutzt habe. Dieser soziale Kontakt mit meinen Mitpatienten hat mir wahrscheinlich während meines Aufenthaltes in der Soteria Klinik gefehlt. Ich musste erst lernen, dass man, wenn man ehrliches Interesse an Menschen zeigt, auch einen gewissen Teil an Aufmerksamkeit und Achtung zurückbekommt.

Ich hatte diesbezüglich einmal eine Unterhaltung mit dem Pfarrer der Klinik. Ich wollte von ihm wissen, warum man in der Klinik nichts von der christlichen Nächstenliebe merkte. Das Thema war schnell vom Tisch und es gab zur Antwort, dass man Alkoholiker mit einer festen Hand anfassen müsse.

Mein Aufenthalt war nicht umsonst, ich habe wieder etwas dazulernen können, obwohl es mir nach dem Aufenthalt in der Klinik wesentlich schlechter ging als vor der Rehamaßnahme. Ich musste mich fragen, warum das so war.

Ich glaube, es war der Umgang mit frischen, trockenen Alkoholikern. Nicht dass Sie jetzt ein falsches Bild bekommen, es waren alles sehr angenehme Mitpatienten. Nur eins machte mir doch mit der Zeit zu schaffen: Vor der Reha habe ich kaum an Alkohol und an die Zeit, in der ich noch in die Kneipe gegangen bin, gedacht. Ich hatte auch keinen Kontakt zu Alkoholikern. Einfach gesagt: Gefühle und Erinnerungen an damals waren während der Therapie wieder in mir aufgeflammt. In der Klinik wurde ich durch Patienten, die vor einigen Wochen noch in der vollen Sucht gestanden hatten und ihre Erlebnisse zum Besten gaben, wieder an diese Zeit erinnert.

Manchmal wurde es mir zu viel. Es waren dann meist die abendlichen Unterhaltungen, bei denen sie ihre Storys zum Besten geben mussten. Ich muss ehrlich sagen, dass nicht alles in der nassen Zeit schlecht gewesen war, gerade wenn man an die geselligen Stunden dachte, die aber dennoch mein trockenes Leben nicht aufwiegen können. Es lässt sich auch ohne Alkohol gesellig zusammensitzen und fröhlich sein.

Ich bin um eine große Erfahrung reicher geworden, denn ich bin zu der Überzeugung gelangt, dass einige Therapeuten in dieser Klinik nicht auf das Wohl, also auf eine lange abstinente Phase des Patienten, aus waren. Schon während meines Aufenthaltes in dieser Klinik bin ich zu dieser Erkenntnis gelangt, die sich auch im Nachhinein bestätigen sollte.

Als ich im Juni 2007 zum Wiedersehensfest der Klinik fuhr, waren gerade einmal sechs Monate seit der Therapie vergangen. Ich wollte mit meiner ehemaligen Therapeutin ein kurzes Gespräch führen, doch irgendwie schaffte sie es, keine Zeit für meine Person zu haben. Sie war zu vertieft in das Gespräch mit ihren Kollegen. Nicht dass sie nur dastand, ich hatte den Eindruck, sie ginge mir aus dem Weg.

Doch ich ließ es mir nicht nehmen, mich wenigstens bei ihr persönlich zu verabschieden. Sie gab mir nur eine Bemerkung mit auf den Weg: »Herr Hönemann, passen Sie auf sich auf und fressen Sie nicht alles in sich rein.« Ich schaute sie verdutzt an und dachte, ich würde noch eine Erklärung erhalten, aber es kam nichts dergleichen. Sie drehte mir den Rücken zu, unterhielt sich einfach wieder mit ihren Kollegen und ließ mich wie einen kleinen, dummen Jungen stehen.

Ihre Aussage ließ mir aber keine Ruhe. Ob sie wieder auf mein Gewicht hinaus wollte? Oder meinte sie nur, dass ich mir anfallende Probleme nicht so zu Herzen nehmen solle? Das wollte ich durch einen kurzen Anruf bei ihr klären. Einige Tage später versuchte ich es und fragte sie, wie sie die Worte gemeint hatte. Als Antwort erhielt ich nur: »Herr Hönemann, ich habe keinen Auftrag, mit Ihnen zu arbeiten.«

Ich dachte, ich sei im falschen Film, fragte abermals nach und erhielt dieselbe Antwort. Somit stand für mich fest, dass diese Frau nur ihren Job machte, um Geld zu verdienen. Da drängte sich gleich die nächste Frage auf: Hatten Therapeuten, die so dachten, überhaupt etwas in einer christlichen Einrichtung zu suchen? Von meinem Standpunkt aus nicht. Die Enttäuschung saß so tief, dass ich schon gewillt war, ihr einen Verrechnungsscheck zu schicken.

Es gab aber auch andere Therapeuten, denn eine Woche später fand in der Soteria Klinik das zehnte Treffen der ehemaligen Patienten statt. Meine damalige Therapeutin nahm sich viel Zeit für mich und meine Fragen. Sie freute sich darüber, dass sie mit ihrer Aussage, dass ich nach zwei Wochen in die Klinik zurückkehren würde, nicht recht behalten hatte. Wir hatten ein sehr angenehmes Gespräch und auch wenn ich heute bei ihr anrufe, hat sie immer einige Minuten Zeit. Ich erwarte nicht, dass sie eine Therapie mit mir macht, aber sie hört zu und gibt mir eine ordentliche Antwort, die meist mit einem brauchbaren Ratschlag verbunden ist.

Wenn ich zurückdenke, habe ich in der Soteria Klinik nicht unbedingt die Nähe meiner Therapeutin gesucht. Sie gab mir aber in dem Punkt recht, dass sich ein Feindbild gegen die Therapeuten beim Patienten aufbaut, was verständlich ist. Es ist nun einmal so: Wer einem wehtut, der ist kein Freund. Und die Erkenntnisse, die ich in der Soteria Klinik über mich herausfinden musste, taten weh. Denn immer wieder aufgefordert zu werden, in sich hineinzuschauen, Wahrheiten zu erkennen, die man lieber unterdrückt hätte, das ist nicht angenehm. Es bereitet innerliche Schmerzen. Wenn der Schmerz vorbei und überwunden ist, sieht die Welt ganz anders aus. Dann ist der Therapeut doch nicht mehr so schlimm wie angenommen.

Wenn ich nun ein Fazit ziehe und es mir wider Erwarten passieren sollte, dass ich erneut eine Suchtklinik aufsuchen muss, um eine Rehamaßnahme in Anspruch zu nehmen, was bedeutet, dass ich rückfällig geworden bin, würde ich in die Soteria Klinik gehen. Bei einer möglichen, vorbeugenden Prävention würde ich eine andere Klinik zum Vergleich wählen.

Warum würde ich mich bei einem Rückfall erneut der Soteria Klinik anvertrauen? Was nützt es mir, eine lasche Therapie zu machen, wenn ich nicht dazu angehalten werde, in mich hineinzuschauen und mein bisheriges Leben zu überdenken, um Ursachen und Fehler zu finden? Ich gehe sogar so weit und behaupte, dass die Rückfallquote von den Patienten, die ihre sechzehn Wochen Therapie regulär beendet haben, in der Soteria Klinik niedriger ausfällt als die Rückfallquote der christlichen Fachklinik.

Leider bekommt man auf Nachfrage beim Rentenversicherer keine Auskunft über existierende Statistiken. Es wäre interessant, zu sehen, wie viele Patienten aus bestimmten Kliniken unter Beachtung der Therapieform die Chance haben, am längsten trocken zu bleiben. Es kommt aber, und das ist unumstritten, weniger auf die Klinik als auf den eigenen Willen an.

Die Prognose, die mir nach meinem Aufenthalt in der Soteria Klinik gestellt wurde, war immerhin auch nicht vielversprechend. Doch ich hatte einen starken Willen, der sich mit der Zeit immer mehr festigte. Er festigte sich dadurch, dass ich meine Lebenseinstellung änderte und somit durch meine Abstinenz viel intensiver lebte, worauf ich heute nicht mehr verzichten möchte.

Selbst die Prognose zu meiner Abstinenz, die im Entlassungsbericht meiner zweiten Langzeitreha gestellt wurde, ist meiner Meinung nach so nicht korrekt, denn sie sagt aus, dass ich nur eine Chance hätte, längere Zeit abstinent zu leben, wenn ich die Nachsorge in Anspruch nehmen und mich einer Selbsthilfegruppe anschließen würde.

Ich möchte dieser Aussage widersprechen, denn in den zweieinhalb Jahren nach meiner Therapie in der Soteria Klinik, in denen ich trocken gelebt habe, war ich nicht ein einziges Mal in solch einer Selbsthilfegruppe. Auch nach meinem Aufenthalt in der zweiten Klinik hatte ich nicht vor, solch eine Gruppe aufzusuchen. Es ist aber doch anders gekommen, als ich es mir damals gedacht hatte, da mein Interesse an den Mitmenschen, die genau das gleiche Problem wie ich haben, geweckt war, und ich es mir zur Aufgabe gemacht habe, diesen Menschen in Zukunft zu helfen.

So habe ich mich aus meinem eigenen Willen einer Gruppe angeschlossen, um zu sehen, was in so einer Selbsthilfegruppe gemacht wird und wie die Arbeit aussieht. Diese Gruppe war vor Ort und nicht in einer Klinik. Ich wollte schließlich auch Menschen kennenlernen. Es gab aber auch noch einen weiteren Grund dafür: Ich wollte mich schlaumachen und die Erfahrung selbst leben, mit dem Zweck, eine eigene Gruppe aufzubauen. Es ist nämlich so, dass bei uns in der Region nichts dergleichen angeboten wird.

Im Zuge dieses Fazits zu meiner Langzeittherapie möchte ich meinen Lesern noch einen Rat geben: Sollten Sie, ein Angehöriger Ihrer Familie oder ein guter Freund ein Alkoholproblem haben, reden Sie mit diesem Menschen über eine mögliche Therapie. Auch wenn ich nicht die besten Erfahrungen gemacht habe – eine solche Langzeittherapie in einer richtigen Klinik ist eben keine Erholungskur – wird es dem Betroffenen auf jeden Fall helfen. Diese Klinik sollte jedoch mit Bedacht ausgewählt werden.

Ein Alkoholiker hat so die Chance, sechzehn Wochen einen gebührenden Abstand zu der Droge Alkohol aufzubauen. Diese Chance sollte genutzt werden, denn sechzehn Wochen Abstand zum Alkohol können einen großen Unterschied machen.

Wir alle haben nur dieses eine Leben. Jeder Tag könnte der letzte Tag sein. Schmeißen wir unser Leben nicht einfach so fort. Es hilft, wenn wir uns unsere Fehler und Schwächen eingestehen, um mit dieser Abstinenz zu leben. Bedenken wir, dass jeder Mensch seine Schwächen, aber vor allem seine Stärken hat. Ja, wir Alkoholiker haben auch Stärken.

Fast ein Dreivierteljahr nach meiner Entlassung aus der Punica Oase bekam ich über diverse Umwege über meinen Arzt meinen Entlassungsbericht zu lesen. Persönlich bekam ich ihn nicht, was ich nicht nachvollziehen kann, da es ja um meine Person ging und nicht um einen anderen Patienten.

Ich werde Ihnen einige Abschnitte nicht vorenthalten und diese kommentieren, damit sie sich ein Bild davon machen können, wie ein Alkoholiker eingeschätzt wird, der es immerhin geschafft hat, zweieinhalb Jahre in Abstinenz zu leben. Ich bin der Überzeugung, dass dieser Bericht das Resultat meines Widersprechens und meines selbstbewussten Auftretens gegenüber den Therapeuten war.

Im Entlassungsbericht steht geschrieben: »Im Therapieverlauf zeigte sich Herr Hönemann vordergründig angepasst. Immer wieder traten jedoch Schwierigkeiten mit Regeln und insbesondere mit Grenzen auf. Es fiel ihm schwer, diese anzunehmen, bspw. bei der körperlichen Betätigung in der Freizeit. Ebenso in der Beschäftigungstherapie und Arbeitstherapie sowie im Essverhalten.«

Erinnern Sie sich noch an meine Ausflüge mit dem Fahrrad, das Schwimmengehen und Saunieren? Ich tat das, was meinem Körper und mir guttat. Es spiegelt sich das wider, was ich zuvor schon ansprach: Schwierigkeiten mit Regeln und Grenzen, weil ich unseren Therapeuten nicht nach dem Mund geredet und ihnen einen Spiegel vorgehalten habe. Ich habe erkannt, dass sie auch nur Menschen sind, dass auch sie ihre Schwierigkeiten haben, mit Problemen umzugehen, und manchmal an ihre Grenzen stoßen.

Weiter steht geschrieben: »In der Gruppenpsychotherapie beteiligte sich Herr Hönemann wenig, oft wirkte er unruhig. Zu Zeiten aktiver Gruppenteilnahme wirkte er häufig manipulativ oder auch wenig krankheitseinsichtig.«

Erinnern Sie sich noch an die Aussage meiner Therapeutin zur Vorstellung meiner Heimfahrt? Wurde ich nicht für meine Arbeit und meine Offenheit gelobt? Wenig krankheitseinsichtig? Auch dieser Einschätzung kann ich nicht zustimmen. Habe ich mich damals nicht selbst geoutet? Habe ich mich nicht bereits in der Soteria Klinik als alkoholabhängig bezeichnet?

Ja, möglicherweise war ich etwas unruhig am Ende einer Gruppenstunde, da unsere Therapeutin gern zu spät kam und ihre Therapieeinheiten überzog. Diese Zeit fehlte uns Patienten, um uns auf die nachfolgende Therapiestunde vorzubereiten.

Erst kürzlich habe ich eine Rückmeldung eines Mitpatienten bekommen, in der er seine Bewunderung zum Ausdruck brachte, wie ruhig ich bei den Angriffen auf meine Person geblieben sei.

Rückblickend sehe ich den Bericht als Motivation, mein weiteres Leben abstinent zu gestalten. Auch um meiner Therapeutin zu zeigen, dass ich meinen Weg ohne Alkohol mit Erfolg gehe.

Mein Fazit aus meinen zwei Langzeittherapien ist: Auch wenn es sehr hart in der Soteria Klinik in Leipzig war, schätze ich die Arbeit mit uns Alkoholabhängigen und die Einstellung der Therapeuten gegenüber den Patienten als weitaus positiver ein, als ich es in der zweiten Langzeittherapie erfahren musste. Für die Therapeuten in Leipzig stand stets die Arbeit mit den Patienten im Vordergrund. Das Ziel war, den Suchtkranken ernsthaft zu helfen – und das, obwohl diese Klinik keine christliche Einrichtung ist.

Zeit nach der Langzeittherapie und weiterführende Gedanken

Nun möchte ich zu dem Teil übergehen, in dem ich nicht nur über meine Gedanken und Einstellungen schreiben möchte. Es soll auch um Gedanken und Ansichten anderer Alkoholiker, mit denen ich mich über das Thema Alkohol und Alkoholsucht ausgetauscht habe, gehen. Aus diesem Grund werde ich öfter von *Wir* sprechen. Sollten Sie, liebe Leserin oder lieber Leser, nicht direkt von der Alkoholsucht betroffen sein, bitte ich Sie, sich nicht direkt angesprochen zu fühlen. Vielleicht können Sie dennoch etwas aus meinen Ausführungen ziehen. Erwarten Sie jedoch kein Heilmittel oder Rezept gegen die Alkoholsucht. Es handelt sich lediglich um meine persönlichen Gedanken und Gefühle.

In der Zeit nach der Therapie habe ich mir immer wieder über das Warum Gedanken gemacht. Insbesondere dann, wenn ich erfahren musste, dass ein ehemaliger Mitpatient rückfällig geworden war. Das ist es schließlich, was mich animiert hat, all meine Gedanken und Ansichten aufzuschreiben.

Ich bin zu der Erkenntnis gekommen, dass Alkohol mit seinen möglichen Folgen ein Thema ist, über das gern der Mantel der Verschwiegenheit geworfen wird. Niemand möchte darüber reden, das Thema wird meist als nicht relevant abgetan. Und doch ist es so aktuell wie nie zuvor, wenn ich beispielsweise an das Flatrate- oder Komasaufen denke. Jeder, der regelmäßig Alkohol konsumiert, bewegt sich auf Messerschneide. Es ist wie bei einem Hochseilakrobaten: Eine Unsicherheit, ein Wackeln oder ein falscher Schritt und es ist geschehen, man fällt. Es geht ganz schnell und das Stadium der Alkoholabhängigkeit ist erreicht.

Jetzt, wo ich fast vier (zum Zeitpunkt der Veröffentlichung dieses Buches sind es achtzehn) Jahre trocken lebe, hatte ich genug Zeit, mir Gedanken über diese Krankheit zu machen. Ich dachte, jetzt ist der richtige Zeitpunkt, um dieses Buch zu schreiben. Ich möchte in diesem Teil über Themen sprechen, die mich bewegen und bei denen ich der Meinung bin, dass es sich lohnt, sich über sie Gedanken zu machen.

Einige Leser werden sicher denken: Was sind schon vier Jahre? Ich bin zwölf Jahre oder sogar schon sechzehn Jahre trocken. Denjenigen zolle ich meinen allerhöchsten Respekt, mögen sie bis an ihr Lebensende abstinent bleiben, um so ein zufriedenes Leben zu führen. Aber eins dürfen wir niemals vergessen: Auch nach langer Zeit kann der Teufel Alkohol uns wieder am Kragen packen und einen neuen Pakt von uns fordern. Er kann wieder erbarmungslos zuschlagen und lässt uns nicht los, bis wir jämmerlich am Boden liegen, um dann wieder erkennen zu müssen, dass wir es ohne Hilfe nicht schaffen. Suchen und nehmen wir dann gleich Hilfe an – so zeitig wie möglich. Ich durfte Alkoholiker kennenlernen, die seit sechzehn Jahren abstinent lebten und dann einen Rückfall hatten. Wiederum lernte ich einige kennen, die es bei Weitem nicht so weit schafften und dennoch unbedingt abstinent leben wollten.

Was passierte, wenn es doch wieder geschehen war? Einige erkannten die Situation sofort. Andere brauchten etwas länger, um sich einzugestehen, dass es wieder geschehen war, um sich dann zu sagen, dass es so nicht weitergehen konnte. Wiederum gab es Alkoholiker, die einfach nicht aus der Sucht und dem ewigen Hin und Her zwischen Entgiftung, Langzeittherapie und nasser Zeit herauskamen.

Ich frage mich dann: Warum werfen diese Menschen ihr Leben weg? Sind sie noch nicht weit genug unten gewesen? Wie tief muss man noch sinken? Wie oft werden diese Menschen aufgefangen und bekommen Hilfe angeboten? Sie nehmen diese Hilfe dann für einige Zeit in Anspruch, um dann doch die helfende Hand mit Füßen zu treten.

Was kann ich also tun, wenn mir bewusst wird, dass ich in der Gefahr schwebe, einen Rückfall zu erleiden? Jeder muss seinen eigenen Weg finden. Eines muss uns aber immer bewusst sein: Ein Rückfall gehört zu unserem Krankheitsbild dazu, er ist keine Schande.

Es stellen sich aber die Fragen: Warum bekomme ich einen Rückfall? Wann bekomme ich einen Rückfall (zeitlich)? Wie gehe ich damit um? Es muss nicht sein, dass jeder trockene Alkoholiker einen Rückfall erleidet, wenn er rechtzeitig gegensteuert. Wie reagiert mein Umfeld und wie wird mir von diesem geholfen? Bekomme ich Hilfe von meinen Angehörigen? Oder bekomme ich erst einmal nur Vorwürfe zu hören? Merke ich schon vorher, dass sich etwas in meinem Körper, in meinem Denken verändert? Womit kann ich gegensteuern, bevor es zu spät ist? Kenne ich alle Möglichkeiten, die mir angeboten werden, wenn ich spüre, dass sich ein Rückfall ankündigt?

Zu diesem Thema möchte ich meine eigenen Erlebnisse und Erfahrungen schildern. Ich habe mit vielen Alkoholikern gesprochen. Dabei ist mir aufgefallen, dass es nicht nur nassen Alkoholikern schwerfällt, über ihre Probleme und Gefühle zu sprechen. Auch trockene Alkoholiker tun sich schwer, sich dazu zu äußern. Selbst Angehörige von trockenen Alkoholikern haben es schwer, über ihre Co-Abhängigkeit zu sprechen.

So hatte ich es nicht immer leicht, mit ihnen über ihre Erfahrungen zu sprechen. Es ist bedenklich, dass so viele Betroffene und Angehörige bei dem Thema Alkoholabhängigkeit immer noch abwinken. Nur Offenheit kann uns schützen. Auch dann, wenn wir schon lange trocken sind.

Die falsche Reaktion zu einem ungünstigen Zeitpunkt, unbedachte Handlungen oder ein verbales Wortgefecht können bereits ausschlaggebend sein, um uns schwanken zu lassen. Situationen, die auch für Nichtalkoholiker schwierig sind, können uns zum Umfallen bringen.

Ich möchte nicht den Eindruck erwecken, dass wir Alkoholiker nur mit Samthandschuhen angefasst werden dürfen. Nein! Wir müssen auch lernen, mit Situationen umzugehen, die wir in unseren nassen Zeiten als schwierig empfunden hätten. Stress und Hektik können uns belasten, aber auch übermäßige Freude, wenn alles super läuft. Dann ist zum Beispiel eine Selbstüberschätzung möglich. Es liegt an uns, zu lernen, damit umzugehen, um so einen ordentlichen Ausgleich zu finden.

Am Herzen liegt mir vor allem das Verständnis untereinander. Auch bei den Menschen, die mit der Alkoholsucht noch nicht konfrontiert wurden. Damit sie nicht mit dem Finger auf uns zeigen.

Es ist für alle Beteiligten schwer, eine Option zu finden, die den trockenen Alkoholiker in schwierigen Lebensphasen auffängt, Warnsignale zu erkennen, um gegenzusteuern. Ein Rückfall ist für alle eine schwierige Situation – auch für Angehörige, die sich dann vielleicht mit Vorwürfen, versagt zu haben, quälen.

Mit dem Wort *rückfällig* tue ich mich schwer, auch wenn ich bisher noch keine bessere Alternative gefunden habe. Dieses Wort erinnert mich immer an einen Straftäter und nicht an einen Suchtkranken. Aus diesem Grund stößt mich persönlich dieses Wort ab, da wir ja nichts verbrochen haben.

Gerade im Hinblick auf das Verständnis untereinander und das gegenseitige Vertrauen kommt es darauf an, wie man mit Gefühlen umgeht, um eine erneute nasse Zeit zu vermeiden. Oftmals sind es schon Kleinigkeiten wie ein Missverständnis oder eine Bemerkung, die nicht so gemeint war, die dann einfach im Raum stehen bleiben und durch fehlende Zeit oder fehlenden Mut nicht ins Reine gebracht werden. Nachzufragen oder Probleme anzusprechen, wird aus Angst, jemanden zu verletzen, vermieden. Und schon ist der Alkohol zur Stelle.

Mir ist bewusst, dass gerade das Thema Alkohol ein sehr schwieriges Thema ist. Aber wieso ist das eigentlich so? Weil Alkohol als Droge gesellschaftsfähig ist? Weil der Betroffene und selbst dessen Angehörige sich schämen? Aus diesem Grund können sie es sich oft nicht eingestehen und leugnen in der Öffentlichkeit die Realität einer Suchterkrankung.

Warum ist das so? Die Antwort darauf ist ganz einfach: Unliebsame Wahrheiten tun weh, sogar sehr weh. Es sind keine körperlichen Schmerzen, sondern seelische Schmerzen. Und gerade diese können verdammt wehtun.

So bin ich zu der Erkenntnis gekommen, dass in unserer heutigen Zeit immer noch eine Hemmschwelle besteht, die es uns nicht ermöglicht, offen über die Krankheit der Alkoholsucht zu sprechen. Über andere Krankheiten wie Krebs oder Aids und auch über soziale Themen wird in der Gesellschaft heute viel offener gesprochen. Warum nicht beim Thema Alkoholmissbrauch? Warum ist das in unserem Zeitalter der Toleranz noch so? Sind wir denn heute nicht viel offener gegenüber allen Dingen?

Liegt es vielleicht an der Tatsache, dass Alkohol eine legale Droge ist, die immer und überall zu erhalten ist? Sogar nachts an Tankstellen und am Spätkauf? Warum schauen so viele Menschen weg, wenn es offensichtlich ist, dass ein Mensch ein Alkoholproblem hat? Getuschelt wird dann immer hinter vorgehaltener Hand.

Sicherlich wissen viele Menschen nicht, wie man einem Alkoholkranken helfen kann. Nicht selten werden dann nur abwertende Blicke in Richtung des Suchtkranken geworfen.

Es ist schlimm, wie viele Menschen achtlos wegsehen, gerade wenn Kinder und Jugendliche in der Öffentlichkeit Alkohol konsumieren. Leider ist es in unserer Gesellschaft üblich geworden, dass nur der Besoffene, der betrunken in der Ecke steht oder mit dem Krankenwagen abgefahren wird, gesehen wird, aber nicht sein Schicksal. Warum er zum Alkoholiker geworden ist, fragt sich niemand. Ist er vielleicht mutlos geworden? Muss er sich jeden Tag aus Verzweiflung eine Dröhnung geben? Um seinen seelischen Schmerz vergessen zu können? Bestimmt nicht nur.

Alkoholiker können auch Menschen sein, die in geordneten sozialen Verhältnissen leben, denen es an nichts fehlt, die sagen können, dass sie auf der Sonnenseite des Lebens stehen. Dann gehört es zum guten Ton, immer ein Glas Alkohol anzubieten. Alkoholismus ist also nicht an die Stellung in der Gesellschaft gebunden. Es wurde und wird zu allen Zeiten und in allen gesellschaftlichen Schichten getrunken. Wurde nicht im Mittelalter leichtes Bier lieber als Wasser getrunken, da durch die Gärung Keime abgetötet wurden?

Alkoholabhängig zu sein, ist keine Schande, es ist eine anerkannte Krankheit, was von vielen Menschen allerdings noch nicht so gesehen wird. Es sind nicht nur die gesundheitlichen Schäden, die davongetragen werden – mit denen müssen wir Suchtkranke allein fertig werden. Nein, es sind die Schäden, die wir unseren Mitmenschen zufügen, indem wir ihr Vertrauen und ihre Gefühle verletzen. Auch die körperlichen Schäden, die wir unseren Mitmenschen durch vermeidbare Unfälle zufügen, gilt es, nicht zu vergessen.

Auf die gesundheitlichen Folgeschäden durch übermäßigen Alkoholgenuss möchte ich nicht groß eingehen, da es dazu reichlich Fachliteratur gibt. Ich möchte Ihnen lediglich diese Grafik mit an die Hand geben, die einige körperliche Konsequenzen eines übermäßigen Alkoholkonsums anschaulich illustriert.

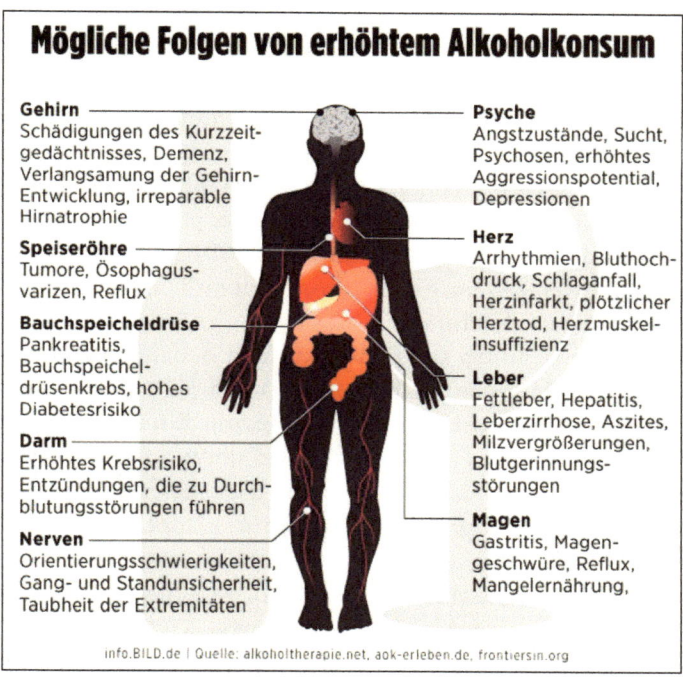

Abb. 1: Mögliche Folgen von erhöhtem Alkoholkonsum, Quelle: Bildzeitung, Bild.de, 19.01.2022

Weiterhin stellt sich die Frage, ob unser Staat ernsthaft daran interessiert ist, dass der Alkoholkonsum reduziert wird. Was passiert, wenn dem Staat die Steuereinnahmen aus dem Alkoholverkauf wegfallen? Der deutsche Staat nimmt rund zwei Milliarden Euro jährlich durch die Alkoholsteuer ein.

Im Hinblick auf die Kostenfrage sollten auch die Behandlungskosten für eine Therapie betrachtet werden. Wer übernimmt die Kosten für Klinik und Behandlungen eines Suchtkranken? Das sind die Rentenversicherungen und Krankenkassen, in die wir alle einzahlen. In einigen Fällen sind es auch die Kirchen. Gerade weil wir alle unsere Beiträge an die Kassen entrichten, ist es wichtig, eine frühestmögliche Suchtprävention bei Kindern und Jugendlichen, aber auch bei rückfallgefährdeten Alkoholikern zu betreiben. Durch eine gute Suchtprävention ist es sicherlich möglich, Menschen vor einer Sucht zu bewahren. Ein weiterer positiver Nebeneffekt ist die Einsparung von finanziellen Mitteln. Eine gezielte Suchtprävention ist weniger kostenintensiv als wiederkehrende Rehamaßnahmen.

Entscheidend bei der Prävention und Behandlung ist der Wille zur Abstinenz. Ohne diesen kann jeder Alkoholiker den Versuch, trocken zu leben, vergessen. Ein starker Wille sowie harte Arbeit an sich selbst sind notwendig. Das muss mit der Einsicht verbunden werden, dass alles, was man sich vornimmt, nicht gleich auf Anhieb so klappt, wie man es sich vorstellt. Wir müssen damit leben lernen, dass es auch manchmal Rückschritte geben wird. Mit diesen Erkenntnissen müssen wir dann an uns arbeiten.

Das Wichtigste bei einer Suchterkrankung ist die Ehrlichkeit zu sich selbst. Jenen Mitmenschen, die schon tief in ihrem Inneren spüren, ein Alkoholproblem zu haben, aber es noch immer verdrängen, gebe ich einen guten Rat. Diesen Rat hat mir damals niemand gegeben, kein Freund und auch kein Verwandter. Vielleicht hat ihnen der Mut zur Ehrlichkeit gefehlt oder vielleicht wollten sie mich nicht verletzen. Mein Rat lautet, sich sein Suchtproblem so zeitig wie möglich einzugestehen, denn nichts ist in der Situation der Alkoholabhängigkeit schlimmer, als sich selbst zu belügen.

Ich kann aus eigener Erfahrung sagen, dass es in dieser Situation ein harter Kampf mit sich selbst ist. In meinem Inneren fühlte ich mich oft als Versager. Warum schaffte ich es nicht, wie andere nur gelegentlich Alkohol zu trinken?

Warum brauchte ich den Stoff regelmäßig und dann auch noch in einer Trinkmenge, die übermäßig war?

Ich belog mich immer wieder, selbst wenn ich ein bis zwei Wochen ohne Alkohol auskam, weil ich es wieder einmal übertrieben hatte. Wie oft ging es mir hundeelend? Wie oft habe ich gebrochen, hatte Kopfschmerzen, bin nicht aus dem Bett gekommen, habe zittrig den Kaffee vergossen? Es war ein Elend. Ehrlich gesagt schaffte ich es meist nicht einmal zwei Wochen lang, nicht zu trinken. Wenn es eine oder eineinhalb Wochen waren, war das schon eine lange Zeit für mich. Mein Alkoholkonsum steigerte sich stetig. Ich konnte einfach nicht davon lassen. Der Teufel Alkohol hatte meinen Geist und meinen Körper voll im Griff. Ich brauchte erst den schmerzhaften, von Ungewissheit und Todesangst geprägten Wink des Schicksals.

Selbst wenn meine Frau wieder einmal hinter ein von mir neu angelegtes Versteck gekommen war, fand ich immer wieder neue Ausreden und Verstecke. Die Ideen waren reichhaltig. Alle Verstecke und Tricks sind über kurz oder lang aufgeflogen.

Dass das Suchen der Verstecke eine Form der Co-Abhängigkeit ist, war meiner Frau damals nicht bewusst. Es wird sich wohl kein Mensch in solch einer Situation darüber Gedanken machen, dass sein Verhalten ein Zeichen für eine Co-Abhängigkeit ist. Warum auch? Für einen Co-Abhängigen, der seinen Partner schützen möchte, ist es ganz normal. Woher sollte meine Frau wissen, dass es ein Fehler war, die Verstecke zu suchen? Was sollte sie in ihrer Situation machen? Sie war zu diesem Zeitpunkt hilflos. Ihr waren regelrecht die Hände gebunden. Um diese Wissenslücke zu schließen, ist es für Angehörige und Freunde wichtig, sich mit dieser Krankheit auseinanderzusetzen.

Wenn ich heute zurückschaue, war es wirklich beschämend, aber mittlerweile können wir auch darüber lachen. Heute stehe ich zu meiner Krankheit und schäme mich nicht mehr.

Eines meiner gern benutzten Verstecke war der Schornstein. Ich dachte, hinter der Reinigungsklappe würde meine Frau sowieso nicht nachschauen. Aber irgendwann hat sie mich mit den Flaschen klappern gehört. Weil ich nicht zum Entsorgen des Leergutes gekommen war, war der Schornsteinzug voller Schnapsflaschen, sodass keine mehr hineingepasst hatte. Werkzeugschränke in der Garage: aufgeflogen. Gummistiefel mit einem alten Strumpf darin – sehr verdächtig: aufgeflogen. Flachmänner im Kleiderschrank im Keller, unter der alten Wäsche, die nicht oft oder gar nicht mehr getragen wurde, zufällig etwas im Keller gesucht: aufgeflogen. In Wattejacken, die im Keller hingen und auf den nächsten Winter warteten: ertappt.

All das sind Verstecke, die sich Alkoholiker einfallen lassen. Aber mein bestes Versteck, das ich für sicher befand, nachdem alle anderen aufgeflogen waren, war eine Mineralwasserflasche, in die ich meinen Schnaps hineinfüllte. Da ich Klaren bevorzugte, ging dieser Trick eine ganze Zeit lang gut, bis sich meine Frau fragte, warum ich schon wieder besoffen war, ich hatte doch gar kein Versteck in Beschlag.

Ja, ich habe Klaren gesoffen wie Wasser. Diese Flasche stand auf meinem Schreibtisch im Büro, wo ich mir sicher war, dass niemand außer mir ranging. Eine Zeit lang war ich mächtig stolz auf meinen Einfallsreichtum. Ich war mir sicher, war ja nicht dumm. Dann kam der Tag, als meine Frau an der befüllten Flasche roch und so war auch dieses Versteck aufgeflogen. Das gab vielleicht eine Moralpredigt. Sie hatte recht, doch in meiner damaligen Situation ließ ich es nicht an mich herankommen. Wie schnell hätten meine Kinder in der Annahme, es handele sich um Wasser, einen Schluck trinken können? Es war wirklich leichtsinnig von mir, aber die Sucht nach Alkohol kennt keine Gnade.

Ein Alkoholiker macht sich in dieser Phase der Abhängigkeit keine Gedanken mehr über diese Dinge. Wie denn auch? Seine Gedanken sind mit der Vorratsbeschaffung voll ausgelastet, denn die ist im Stadium der fortgeschrittenen Alkoholabhängigkeit, wie sie bei mir damals ausgeprägt war, viel wichtiger.

Durch meine Ausführungen haben Sie bestimmt festgestellt, dass es keinen Zweck hat, eine Alkoholsucht zu leugnen. Die Wahrheit, in eine Abhängigkeit geraten zu sein, kommt früher oder später ans Tageslicht. Ich kannte sogar einen Alkoholiker, der seinen Schnaps in den Wald oder an Feldränder, unter Tannenzweige und Grasbüschel schaffte. Es ist alles aufgeflogen. Es hat also keinen Sinn, sich etwas vorzumachen.

Ich möchte nun auch denjenigen, die sich in der Rolle des Suchenden befinden, einen guten Rat geben: Wenn Sie ein Versteck gefunden haben und somit zu Ihrer Bestätigung gekommen sind, lassen Sie die Suche sein, sie kostet nur unnötige nervliche Kraft. Sie werden sich mit der Suche nur zermürben und nichts damit ändern. Setzen Sie diese Energie lieber so sinnvoll wie möglich ein, um dem Alkoholkranken zu helfen.

Aber was ist eigentlich eine Co-Abhängigkeit? Viele tun sich mit diesem Begriff schwer, auch ich hatte anfangs meine Probleme damit. Ich blieb immer bei dem Gedanken hängen, dass meine Frau doch nicht abhängig war, bis ich mich dann näher mit der Co-Abhängigkeit beschäftigte und dahinterkommen musste, dass die Co-Abhängigkeit eine genauso große Vielfalt darstellt wie die Suchtkrankheit. So wie jeder Suchtkranke seine eigene Suchtgeschichte hat und die Auswirkungen der Sucht spürt, so vielfältig ist auch eine mögliche Co-Abhängigkeit. Es ist bei Weitem nicht nur das gelegentliche Beschaffen des Alkohols für den Abhängigen damit gemeint. Nein, die Co-Abhängigkeit ist so vielfältig, dass ich hier nicht alle Varianten aufführen kann.

Warum sträuben sich viele, wenn sie hören müssen, co-abhängig zu sein? Es ist sicherlich die Verbindung des Worts *abhängig* mit der legalen Droge Alkohol und der daraus resultierenden Sucht eines Angehörigen. So wird automatisch ein Schutzschild mit der Begründung »Ich bin doch nicht abhängig!« aufgebaut. Diese Reaktion ist verständlich. Wer möchte schon ohne Grund eine Abhängigkeit zugesprochen bekommen?

Das Wort *co-abhängig* verursacht auch eine innerliche Verletzung, gerade dann, wenn man sich mit der Co-Abhängigkeit noch nicht befasst hat. So kommt auch eine gewisse Scham zustande, wenn man darauf angesprochen wird, die sich im Leugnen der Sucht widerspiegelt. Ein nasser Alkoholiker leugnet seine Sucht immer, aber auch Angehörige (Co-Abhängige) werden sich zum Teil in der Öffentlichkeit schützend vor ihn stellen. Das geschieht gerade dann, wenn man durch Außenstehende mit dem Suchtproblem eines Angehörigen konfrontiert wird. Warum ist das so? Weil es wehtut, die unliebsame Wahrheit zu hören, und eine gewisse Hilflosigkeit vorhanden ist. Weil man als Co-Abhängiger nicht weiß, wie man dem suchtkranken Menschen helfen kann. Die Gedanken eines Co-Abhängigen bleiben immer in einer gewissen Hilflosigkeit hängen. Wie mache ich es richtig? Diese Frage wird er sich immer wieder stellen, denn der Suchtkranke ist sicherlich ein Mensch, der ihm ans Herz gewachsen ist.

Es stellt sich die Frage, wie man aus der Co-Abhängigkeit herauskommt und somit möglicherweise der Süchtige aus seiner Sucht. Der erste Schritt aus der Sucht und somit auch aus der Co-Abhängigkeit ist Ehrlichkeit. Ehrlichkeit zum bestehenden Suchtproblem ist das A und O. Der Co-Abhängige muss in erster Linie ehrlich zu sich selbst sein, um verinnerlichen zu können, dass der Mensch, der seinen Alkoholkonsum nicht mehr steuern kann, krank ist.

Wer diesen wichtigen Schritt gemacht hat, sollte dem Betroffenen sagen, dass er festgestellt hat, dass er ein Suchtproblem hat. Natürlich kommen dann die üblichen Rechtfertigungen wie »Ich kann jederzeit damit aufhören« oder »Ich brauche das Zeug nicht unbedingt jeden Tag.« Man sollte es ihm, wenn er es nicht wahrhaben möchte, immer in einem ruhigen, aber sicheren Ton sagen, ohne auf Rechtfertigungen einzugehen. Wenn dem Co-Abhängigen dies gelingt und er auf den zu hohen Alkoholkonsum angesprochen wird, sollte er in der Öffentlichkeit dazu stehen und nicht wie der Alkoholkranke versuchen, sich in Ausreden zu flüchten.

Ist dieser Schritt vollzogen, kann offen und ehrlich darüber gesprochen werden. So wird der Co-Abhängige bald merken, dass es guttut, dem Problem ehrlich entgegenzutreten und offen darüber zu sprechen. Es wird eine Last von seiner Seele fallen. Also nur Mut zur Ehrlichkeit!

Für diejenigen, die sich nicht trauen, offen darüber zu reden, gibt es Selbsthilfegruppen. Wenn man sich an diese wendet, braucht man keine Angst zu haben, denn die Menschen, die dort sitzen, sprechen aus Erfahrung. So kann leichter Kontakt zu Betroffenen aufgenommen werden.

Co bedeutet nichts weiter als Mitstreiter, Partner sozusagen. Es betitelt eine Person, die einer anderen Person hilfreich zur Seite steht. Ein Merkmal einer Co-Abhängigkeit kann zum Beispiel sein, dass der Angehörige dem Suchtkranken den Alkohol beschafft. Außerdem können es die Arbeiten und Aufgaben, die abgenommen werden, oder die Verantwortung, die für den Abhängigen übernommen wird, sowie die kontrollierenden Maßnahmen wie das Suchen der Verstecke sein. Auch das zwanghafte Beobachten und möglichst genaue Registrieren der Trinkmenge bei Feierlichkeiten und anderen Trinkanlässen deutet auf eine Co-Abhängigkeit hin. Am deutlichsten ist wohl die Unaufrichtigkeit bezüglich der Tatsache der Sucht und den daraus resultierenden Gefühlen dem Suchtkranken, anderen Personen oder sich selbst gegenüber. Als Co-Abhängiger muss man auch auf sich selbst achten, damit man keinen Schaden nimmt – sowohl psychisch als auch körperlich. Man muss immer zuerst an sein eigenes Wohl denken.

Gerade jetzt, wo ich diesen Abschnitt über Co-Abhängigkeit geschrieben habe, ist mir wieder klar geworden, wie schnell man in die Co-Abhängigkeit geraten kann. Während meiner ersten Langzeittherapie musste ich erkennen, dass mein Vater Alkoholiker war. Diese Erkenntnis hat geschmerzt. Das verging aber nach der richtigen Einordnung. Eigentlich hätte ich es ja wissen müssen, denn wir haben nicht selten gemeinsam getrunken. Ich habe es erkannt und es ist eine Tatsache, die ich so akzeptieren musste. Das Erkennen und Akzeptieren der Co-Abhängigkeit ist wichtig.. Dann kann man auch offen und ehrlich über die Alkoholsucht sprechen.

Offenheit: Heute spreche ich offen über meine Sucht!

Wie ich anfangs erwähnte, wohnen wir, meine Familie und ich, in einem kleinen Ort in der Dübener Heide. Nicht nur dass ich in diesem Ort bekannt bin, nein, er ist meine Heimat. Ich bin hier aufgewachsen und bin in allen Nachbargemeinden bekannt wie ein bunter Hund.

Vielleicht können Sie sich vorstellen, wie das Gerede in

solchen Gemeinden ist. Es werden alle Neuigkeiten sofort von Haus zu Haus weitergetragen, das Interesse am Mitmenschen ist groß. Erst recht, wenn sich jemand eingesteht, Alkoholiker zu sein, und inzwischen auch noch etwas dagegen unternimmt. Aus diesem Grund verschwieg ich damals meine Entscheidung, eine Therapie zu machen. Nur meinen engsten Verwandten und Freunden teilte ich meinen Entschluss mit. Die waren sichtlich erstaunt über meine Entscheidung, da ich meine Sucht immer geschickt zu verbergen gewusst hatte.

Mir ging es wie vielen, ich schämte mich meiner Alkoholabhängigkeit. Es ließ sich aber nicht vermeiden, dass die Wissbegierde der neugierigen Dorfbevölkerung gestillt wurde und somit jeder Bescheid wusste. Ich erkannte schnell, dass gerade diejenigen, die sich am meisten das Maul zerrissen, dasselbe Problem hatten wie ich. Ich beschloss also, ganz ungeniert über meine Sucht zu sprechen, sodass ich jeglichem Getuschel den Wind aus den Segeln genommen habe.

Es war nicht einfach und es dauerte auch seine Zeit, aber ich musste feststellen, dass diese Offenheit mir richtig guttat. Die innere Verkrampfung, über mein Alkoholproblem und meinen Alkoholmissbrauch zu sprechen, wich von mir. Mit der Zeit fand ich neue Freizeitinteressen, denen ich regelmäßig nachging, und schloss so neue Bekanntschaften. Es entstanden sogar neue Freundschaften.

Und so blieb es auch nicht aus, dass bei einigen Anlässen entweder über Alkohol gesprochen oder mir sogar welcher angeboten wurde, den ich dankend ablehnte und mich als Alkoholiker outete. Glauben Sie mir, wenn ein Alkoholiker einmal diese schwere Hürde genommen hat und offen über seine Abhängigkeit zu sprechen gelernt hat, dann hat er schon einen großen Schritt in eine – ich sage vorsichtig – sichere Abstinenz getan.

Wenn ich heute mit Bekannten oder fremden Menschen

über meine Erlebnisse spreche und von diesen Menschen Anerkennung ernte, ist das automatisch eine Motivation für mich, weiter so offen mit meiner Alkoholkrankheit umzugehen. Ja, es verpflichtet mich auch und ist ein Ansporn, weiter in Abstinenz zu leben.

Also haben Sie den Mut zur Offenheit! Sie kennen doch das alte Sprichwort: »Angriff ist die beste Verteidigung!« Natürlich macht Offenheit auch verletzlich, wir sollten aber immer abwägen, was uns wichtiger ist: unsere Gesundheit oder das ein oder andere alkoholhaltige Getränk, das wir angeboten bekommen und das uns mit Sicherheit wieder ins Verderben wirft?

Gastbeitrag: Gedanken zur Sucht

An dieser Stelle möchte ich einen kleinen Gastbeitrag einfügen. Er stammt von einem meiner Therapeuten in der Soteria Klinik. Ich schätze seine Arbeit sehr. Er war sofort bereit, mir einige Zeilen zur Sucht zu schreiben. Dies ist wieder ein Zeichen dafür, wie aufgeschlossen die Therapeuten in dieser Klinik sind.

»Mein Name ist Josef Blaufuß, Diplom Sozialarbeiter, abgeschlossene Ausbildung als analytischer Sozialtherapeut.

Ich arbeite seit 1987 in der Sucht, weil es ein sehr spannendes Arbeitsfeld ist. Ich kann Menschen begleiten, die neugierig sind, zu erfahren, warum sie süchtig geworden sind. Häufig stoße ich dabei auf Situationen, in denen Menschen gefühlsmäßig überfordert oder/und nicht gelernt haben, mit ihren Gefühlen umzugehen. Sucht ist nach unserem Verständnis eine Erkrankung der unterdrückten Sehnsüchte und Gefühle. ›Ich zeige mich nicht so, wie ich bin, sondern setze Suchtmittel ein, um mich zum Beispiel stark und unverwundbar zu präsentieren, leistungsfähiger zu sein, Gefühle (und Schwächen) für mich aushaltbar zu machen!‹ Menschen in diesem Prozess der Erkenntnis und folgend dann in der Veränderung zu begleiten, ist für alle Beteiligten herausfordernd und bereichernd.«[6]

Stärken der Selbstachtung und des Selbstvertrauens durch die Hilfe der Angehörigen

Selbstachtung ist für trockene Alkoholiker eine sehr wichtige Voraussetzung, um in ihrem weiteren Leben jeglichen Versuchungen entgegenzutreten, und schließt ein großes Selbstvertrauen mit ein. Um sein Selbstvertrauen zu stärken, muss der Alkoholiker sich aber bewusst sein, dass man sich den Gefahren stellen muss. Ein Einigeln wird ihm nicht weiterhelfen, zu lernen, mit den Gefahren umzugehen.

Machen wir kleine Schritte, indem wir beispielsweise zu Familienfeierlichkeiten gehen, von denen wir genau wissen, dass dort Alkohol getrunken wird. Wir können schließlich jederzeit wieder gehen. Selbst wenn wir zu einer Feierlichkeit gehen, auf der uns kein Alkohol angeboten wird, kann dort immer ein Nichtwisser – also jemand, der von der Krankheit nichts weiß – sein und uns dennoch etwas anbieten. Sollte das der Fall sein, ist es gleich ein schönes Übungsfeld, um offen über die Alkoholkrankheit zu sprechen.

Wenn wir diese erste Herausforderung gemeistert haben, obwohl uns niemand direkt alkoholische Getränke angeboten hat, werden wir erleben, wie unser Selbstvertrauen wächst. Wir werden uns hervorragend fühlen, eine innere Selbstbestätigung wird uns das Gefühl geben, etwas Besonderes zu sein. Wenn sich dann noch eine ungewollte Verleitung

---

6   Gastbeitrag von Josef Blaufuß. Die Rechte liegen bei Josef Blaufuß.

zum Alkohol ergeben sollte, wir demjenigen aber ein klares und unmissverständliches »Nein, danke« entgegengehaucht haben, werden wir zur nächsten Familienfeierlichkeit mit erhobenem Haupt gehen.

Wenn Sie ein Partner oder Angehöriger eines trockenen Alkoholikers sind und sich über diesen Schritt gefreut haben, dann zeigen und sagen Sie es ihm. Sagen Sie ihm, dass Sie stolz auf ihn sind, denn nur so können Sie ihm Ihre ehrliche Anerkennung zeigen. Vielleicht können Sie ihm sagen, wie wohl Sie sich an seiner Seite gefühlt haben. Dass Sie keine Angst hatten, dass eine peinliche Situation vorfallen könnte, wie es früher des Öfteren vorgekommen ist. Das alles wird dazu beitragen, die Selbstachtung und das Selbstvertrauen des Suchtkranken zu stärken, um in Zukunft sicher zu öffentlichen Veranstaltungen gehen zu können, ohne die Angst des Partners schon im Nacken zu spüren.

Ich erinnere mich noch daran, als ich zum ersten Mal nach meiner Zeit in der Soteria Klinik zu einem Dorffest gegangen bin. Ein guter Bekannter, den ich schon seit vielen Jahren kenne, kam auf mich zu und sagte: »Ich wollte dich ja auf ein Bier einladen, aber du darfst ja keins mehr trinken.« Er sagte es von oben herab, was ich sowieso nicht mag. Ich hätte mich in diesem Moment umdrehen können, um zu gehen und ihn einfach wie einen dummen Jungen stehenzulassen. Das wäre natürlich ein erhabenes Gefühl für mein Gegenüber gewesen, das ich ihm aber nicht gönnte. Mit ruhiger und bestimmter Stimme erklärte ich ihm: »Ich darf genau wie du Alkohol trinken. Nur der feine Unterschied ist, ich möchte nicht mehr. Aber wenn du mir unbedingt etwas zu trinken spendieren möchtest, nehme ich gern einen schönen Saft.« Das Gesicht hätten Sie einmal sehen sollen. Aber das war noch nicht alles: Ich suchte mir natürlich einen teuren Saft aus und erklärte ihm dann: »Alkoholfreie Getränke sind eben Luxus«, denn der Saft war sogar teurer als sein Bier. Ich kann Ihnen versichern, dieser Bekannte ist bis heute nicht wiedergekommen, um mit mir ein Bier zu trinken. Es war ein tolles Gefühl, den Getränkestand als moralischer Sieger zu verlassen.

Durch Aktionen wie diese zeigen wir auch unseren Partnern, dass sie sicher sein können, dass wir in solchen Situationen nicht schwach werden und uns nicht verleiten lassen. Denn wer wirklich in diesen Stunden auf einem Fest Alkohol trinken will, wird alles daran setzen, um sich diesen zu beschaffen. Da können die Angehörigen eines Suchtkranken aufpassen, wie sie wollen, der Abhängige schafft es garantiert. Sein Inneres wird beben, bis er Alkohol hat. Vertrauen kann also viel mehr bewegen als Kontrolle!

Anerkennung für einen trockenen Alkoholiker

Es soll nicht den Anschein erwecken, dass nur trockene Alkoholiker Anerkennung brauchen. Jeder Mensch braucht Anerkennung im täglichen Leben, egal, ob er ein einfacher Arbeiter ist, der jeden Tag am Fließband steht, oder ein Chirurg, der am Tag mehrere Menschen operiert. Wir alle, ob groß, ob klein, brauchen Anerkennung, um unser Selbstwertgefühl aufzubauen und stärken zu können.

Wenn ein trockener Alkoholiker diese Anerkennung nicht erfährt und immer nur Vorwürfe zu hören bekommt, welche Fehler und unsinnigen Aktionen er in seiner nassen Zeit begangen hat, ja mitunter vielleicht sogar andere Menschen und sich in Gefahr gebracht hat, wird es dazu kommen, dass er eines Tages versuchen wird, diese Vorhaltungen im Alkohol zu ertränken. So ist die Gefahr eines Rückfalls vorprogrammiert. Wenn der Alkoholiker schon mehrere Rückfälle hatte und doch keine Anerkennung für die Zeit ernten konnte, in der er trocken gelebt und sich langsam zum Positiven hin verändert hat, wird er seine Scham nicht ablegen können. Sie wird ihm immer im Kopf herumspuken, bis es an der Zeit ist, diese Scham durch den Alkohol zu betäuben.

Angehörige sollten daher die Freude über die schon erreichte trockene Zeit mit dem Alkoholiker teilen. Denn ein trockener Alkoholiker freut sich natürlich, wenn er es geschafft hat, schon einige Zeit ohne Alkohol zu leben, auch wenn er es nicht zeigt. Die gezeigte Freude der Angehörigen wird dazu beitragen, dass er sich dadurch wiederum motivieren kann, um auftretende schwere Situationen zu überstehen.

Ich bin nicht allein mit meiner Meinung und liege garantiert nicht falsch, wenn ich behaupte, dass ein Mensch über kurz oder lang krank wird, wenn ihm jegliche Form von Anerkennung und Wertschätzung fehlt.

Motivationen

Motivation: Was können wir darunter verstehen? Ermutigung, Beflügelung, Ansporn, Anregung, all das sind wertvolle Dinge, um nasse Alkoholiker zu einer Therapie zu bewegen und einen trockenen Alkoholiker in seinem abstinenten Leben zu unterstützen. Ich erlaube mir sogar, zu behaupten, dass die Angst vor schweren Folgeerkrankungen und sogar die große Angst vor dem Tod, der einen Alkoholiker vielleicht in naher Zukunft heimsuchen könnte, eine Motivation sein können, um eine Therapie zu beginnen.

Als ich mich zu meiner ersten Therapie entschlossen habe, wollte ich einfach noch einige Jahre leben. Ich sagte mir, dass es das noch nicht gewesen sein konnte – schon mit vierzig unter der Erde zu liegen. Der Wunsch und das Verlangen sind in mir aufgekommen, meine Enkel und vielleicht auch Urenkel, die ich eines Tages hoffentlich haben werde, auf den Arm nehmen zu können, um ihnen unsere schöne Welt zu zeigen. Der Gedanke daran, dass da dann kleine Menschenkinder auf der Welt herumtollen würden und ich sie nicht kennenlernen dürfte, nur weil ich mich totgesoffen habe, ließ mein Gemüt erschaudern und machte mich innerlich sehr traurig und wehmütig. Das ließ ich mir natürlich nicht anmerken, ich musste ja hart sein.

Wie kann Motivation, ohne die Angst im Nacken zu haben, noch aussehen? In welchem Rahmen kann sie stattfinden? Und muss sie immer mit etwas Positivem in Verbindung gebracht werden? Sicherlich ist ein positiver Beweggrund zur Abstinenz bedeutend angenehmer als skeptische Äußerungen und Schwarzmalerei.

Ich habe anfangs, als ich meine erste Langzeittherapie abgebrochen hatte, bereits erwähnt, dass ich ein Abschlussgespräch mit meiner damaligen Therapeutin hatte und sie mir sagte, dass ich in vierzehn Tagen wieder in dieser oder einer anderen Klinik für Abhängige sein würde. Sicherlich hatte sie den Kontakt mit der Suchtberatungsstelle in Eilenburg aufgenommen, weil ich genau dieselben Worte von der Frau, die diese Suchtberatungsstelle leitete, zu hören bekam.

Diese Aussagen gleich zweimal innerhalb weniger Tage zu hören und auch noch aus dem Mund der Frau, die mir damals dabei geholfen hatte, diese Therapie schnellstmöglich zu bekommen und die sich mit aller Kraft für eine schnelle Abwicklung der Anträge eingesetzt hatte, war sehr deprimierend. Als ich dieser Frau damals in der Suchtberatungsstelle gegenübersaß, reifte in mir ein Entschluss. Ich möchte nicht den Eindruck erwecken, ich würde es gehässig meinen, aber der Entschluss, diese zwei Frauen Lügen zu strafen und nicht rückfällig zu werden, stand fest. Ich könnte es auch als eine Kampfansage gegenüber meiner eigenen Person und meiner Schwäche bezeichnen. Ich sagte mir, dass ich mir diese Blöße nicht geben würde, denn ich hatte absolut kein Verlangen, die Genugtuung in den Gesichtern dieser Frauen sehen zu müssen, sollte ich doch einen Rückfall erleiden. So sah meine erste Motivation aus und ich bin den beiden Frauen heute sehr dankbar dafür. Ihre Prophezeiung ließ mich stur werden und Zeit gewinnen, um an meiner inneren Einstellung zum Leben zu arbeiten. Ich kann schlecht sagen, wie sich die ganze Sache entwickelt hätte, wenn man mir freudig gesagt hätte: »Schön, Herr Hönemann, dass Sie acht Wochen Therapie geschafft haben, wir freuen uns für Sie« und vielleicht noch ein »Machen Sie weiter so.« Ich bin froh, dass es so gekommen ist und nicht anders.

Eine wiederum ganz andere, jedoch positive Motivation bekam ich von meiner Hausärztin, als ich nach meiner Heimkehr bei ihr vorstellig wurde. Sie ließ gleich einen Bluttest machen, um zu sehen, ob sich meine Leberwerte erholt hatten. Bei der Auswertung war sie sichtlich erfreut. Man hat ihr richtig angesehen, dass sie sich gefreut hat. Meine Leberwerte hatten sich normalisiert und waren wieder im grünen Bereich. Wenn die Ärztin, die mich damals mit ihrem mahnenden Wort zum Nachdenken gebracht hatte, so eine Zufriedenheit ausstrahlt und einen noch dazu mit anerkennenden Worten aufbaut, kann man stolz auf seine Abstinenz sein, auch wenn es zu diesem Zeitpunkt erst zehn Wochen waren. Psychologisch gesehen war diese Begebenheit eine sehr wertvolle Motivation für mich. Ich glaube sogar, dass meine Hausärztin mehr kann als mancher Psychologe, den ich später kennenlernen durfte. Selbst heute werde ich in ihrer Praxis nicht als Alkoholiker behandelt, ich fühle mich wie ein ganz normaler Mensch. Es sind wohl noch die Erinnerungen, die ich in der Punica Oase sammeln durfte, die mich dies so betonen lassen.

Eine ganz andere Art, meinen Willen – ich schreibe hier bewusst nicht Motivation – zur Abstinenz zu stärken, war folgender Satz: »Es ist meine verdammte Pflicht, so lange wie möglich trocken zu bleiben.«

Warum gehe ich so weit und nenne es »meine verdammte Pflicht«? Man kann nun hergehen und sagen, das Wort *Pflicht* hört sich nach Zwang an und etwas unter Zwang zu machen, ist meistens zum Scheitern verurteilt. Wenn Sie dieser Meinung sind, gebe ich Ihnen vorbehaltlos recht. Zwang ist Druck und Druck bringt viele Dinge zum Platzen. Ich möchte Ihnen diese Begebenheit jedoch schildern.

In der Zeit, als ich meine erste Langzeittherapie in Leipzig machte – im Frühsommer 2004 – war meine Tochter dreizehn Jahre alt und besuchte die siebte Klasse des Gymnasiums in Bad Düben. Zu dieser Zeit bekamen die Schüler die Aufgabe, einen Aufsatz in Deutsch zu schreiben. Das Thema war ›Mein Leben im Jahr 2020, Wünsche, Hoffnungen, Träume und Ängste‹. Es sind die Ängste meiner Tochter, die sie in diesem Aufsatz schildert, die mich dazu bewegten, mir die Pflicht aufzuerlegen, so lange wie möglich trocken zu bleiben.

Ich bin davon überzeugt, wenn Sie diese Zeilen lesen, werden Sie verstehen, warum ich von einer Pflicht spreche. Ich möchte Ihnen einen kleinen Ausschnitt, in dem sie von ihren Ängsten schreibt, wiedergeben: »Ich habe Angst davor, im Jahr 2020 als Alkoholikerin auf der Straße zu leben, denn ich weiß, dass es sehr schlimm sein kann, süchtig zu sein und alles zu verlieren, was man hat.«

Meine Tochter wollte zuerst nicht, dass ich diesen Aufsatz lese. Vielleicht hat sie gedacht, dass ich mich dadurch verletzt fühlen würde. Verletzt war ich keineswegs, ich war sehr betroffen, da mir in meiner nassen Zeit, die zu diesem Zeitpunkt noch nicht lange her war, nie bewusst geworden war, wie meine Kinder die Alkoholsucht ihres Vaters miterleben mussten. Ich war innerlich bestürzt darüber, wie Kinder – und hier beziehe ich alle Kinder mit ein – unter der Sucht ihrer Eltern, wenn vielleicht nicht körperlich, aber seelisch leiden müssen. Mir stellte sich die Frage, was Kinder von Alkohol- oder Suchtmittelabhängigen alles ertragen müssen. Was tun wir unseren Kindern damit an?

Es leidet nicht nur das Familienleben darunter. Gerade die Worte, die Kinder untereinander nutzen und über deren Folgen sie sich noch keine Gedanken machen – was man ihnen nicht verübeln kann – können furchtbar grausam sein. Wie muss sich ein Kind fühlen, das auf dem Pausenhof zu hören bekommt: »Dein Vater oder deine Mutter ist doch auch bloß ein Spritti, ein Säufer und asozial.«

Diese Szenen, wie sie sich auf einem Pausenhof abspielen könnten, spielten sich auch in meinem Kopf ab, als ich den Aufsatz las. Da meine Alkoholsucht in der Öffentlichkeit weitestgehend unbekannt war, ist meine Tochter von solchen verbalen Äußerungen verschont geblieben. Ich würde mich freuen, wenn sich ihre Träume, Hoffnungen und Ziele, die sie in dem Aufsatz beschrieben hat, erfüllen. Da ich Realist bin, weiß ich, dass nicht alles in Erfüllung gehen wird, aber meine Hoffnungen beruhen darauf, dass ich als ihr Vater ihr immer ein mahnendes Beispiel sein werde. Ich möchte meinen Kindern ein mahnendes Beispiel mit positiver Wandlung sein. Deshalb habe ich es mir zur Pflicht gemacht, so lange wie möglich trocken zu leben.

Eine weitere treibende Kraft, die mich immer wieder anspornt, abstinent zu leben, sind die Treffen, die einmal im Jahr von den Kliniken organisiert werden. Sie nennen sich Ehemaligentreffen oder Wiedersehensfest. Bei diesen Treffen hat man die Gelegenheit, ehemalige Mitpatienten wiederzutreffen, mit denen man das Jahr über keinen oder selten Kontakt hatte.

Man ist schon innerlich gespannt, wer nicht kommt. Sicher, mancher kann aus beruflichen oder familiären Gründen nicht daran teilnehmen. Dennoch ist die erste Frage, die sich stellt, wenn jemand nicht kommt, ob derjenige noch trocken ist. Diese Frage stellt sich automatisch, denn jeder Alkoholiker, der sich ernsthaft mit unserer Krankheit auseinandersetzt, weiß, dass der Rückfall zur Krankheit gehört. So freut man sich über jeden, den man wiedertrifft, und kann den anderen ehemaligen Patienten natürlich auch stolz zeigen, dass man noch trocken ist. Einige – und ich schließe mich mit ein – werden auch ein Gefühl der Genugtuung verspüren, wenn sie den Therapeuten zeigen können, dass sie trocken sind.

Erst kürzlich konnte ich diese Gefühle wieder erleben, als in der Punica Oase das Wiedersehenfest gefeiert wurde. Ich konnte mich über viele mir vertraute Gesichter freuen. Ich kann sagen, fast eine ganze unserer damaligen kurzzeitigen Gruppen – denn die Gruppenmitglieder wechselten ständig – war anwesend. Das hat mich sehr gefreut und auch aus anderen Gruppen waren viele bekannte Gesichter zu sehen. Die Freunde, die ich während meines Aufenthaltes in der Punica Oase kennen und schätzen lernen durfte, waren bis auf zwei Ausnahmen alle anwesend. Mit diesen beiden stehe ich aber in regelmäßigem Kontakt, sodass ich die Gründe ihres Fernbleibens kannte und mir keine Sorgen um ihr Wohl zu machen brauchte.

Ich kann Ihnen nicht sagen, ob die Freude bei meiner ehemaligen Therapeutin echt war, mich wiederzusehen. In mir ist da ein leises Zweifeln, da ich nicht gerade sagen kann, dass ich ihr Liebling in der Gruppe war. Der Eindruck lässt mich nicht los, dass sie vielleicht doch lieber wilde Spekulationen gehört hätte, wenn ich nicht anwesend gewesen wäre. Bei mir war die Freude jedenfalls echt, ihr die Hand zur Begrüßung zu schütteln. Für einige ehemalige Patienten war es sicher eine Genugtuung, mit ihrer Anwesenheit zu glänzen.

Es gab jedoch auch Patienten, die keine Einladung bekommen haben. Das hat mich von der Klinikleitung enttäuscht. Patienten, die ihre Therapie abgebrochen hatten und solche, die sich dem Druck der Klinik nicht hatten beugen wollen, waren nicht eingeladen worden. Ich muss ehrlich sagen, von einer christlichen Einrichtung hätte ich das nicht erwartet. Einige, die ihren inneren Zorn von damals abgelegt haben, haben sich die Mühe gemacht, das Datum des Treffens zu erfahren, und sind trotzdem gekommen. Für diese Patienten war es eine Form, sich zu zeigen, und eine Motivation, sodass man davon ausgehen kann, sie im nächsten Jahr wiederzusehen.

Auch an den Treffen der Soteria Klinik durfte ich in den letzten Jahren teilnehmen, obwohl ich meine Therapie dort abgebrochen hatte, und es war mir stets eine Freude. Auch dieses Jahr werde ich dort meine Weggefährten treffen.

Ich möchte aber eine Sache nicht vergessen, die ich für uns Alkoholiker in Situationen der Rückfallgefahr als sehr wichtige Motivation zur Abstinenz sehe. In diesen Momenten, in denen es wirklich ernst wird und wir vielleicht schon die Flasche in der Hand halten, sollten wir uns die Zeit nehmen und innehalten. Warum innehalten? Es dauert nicht lange, wenn wir uns daran erinnern, wie schlecht es uns ging, als wir noch kräftig unter Alkoholeinfluss standen. Wie hundeelend es uns ging, wenn das Zeug aufhörte, zu wirken, der Alkoholspiegel sank und unser Körper durch Zittern und Übelkeit förmlich um Nachschub bettelte. Diese Entzugserscheinungen nicht wieder durchleben zu müssen, sollte Motivation sein.

Es gibt aber auch eine nicht so schöne Motivation für mich, die mir nicht gleich als solche bewusst geworden ist, aber man kann sie doch als Antrieb sehen. Gleichermaßen ist es aber auch eine Abschreckung. Jedes Mal, wenn ich mich mit einem Alkoholiker unterhalten habe, der rückfällig geworden ist, ist es mir bewusst geworden: Das musst du nie wieder haben! Es tut mir in der Seele weh, wenn es ausgerechnet einen Menschen getroffen hat, der mir freundschaftlich nahesteht. Es schmerzt mich und doch motiviert es mich zugleich, standhaft zu bleiben.

Beschäftigung

Als Erstes möchte ich Ihnen raten, tun Sie sich etwas Gutes, etwas, das Ihrem Körper und Ihrer Seele guttut.

Optimal wäre es, wenn jeder, der seinen Job verloren hat, einen neuen Arbeitsplatz und eine Arbeit, die ihm Spaß macht, finden würde. Es gibt Alkoholiker, die es so gut hatten. Doch leider haben sie dieses Glück durch einen Rückfall leichtsinnig verspielt. Ein fester Job, um sicher in die Zukunft blicken zu können, das ist nicht nur für uns Alkoholiker wichtig. In unserem kapitalistischen System ist das allerdings bedauerlicherweise nicht immer der Fall. Dieser Tatsache müssen wir uns bewusst sein, um nicht mit falschen Hoffnungen nach einer absolvierten Reha ins alltägliche Leben zu treten. Uns wird niemand an die Hand nehmen oder um den Hals fallen und sagen: »Auf Sie haben wir schon lange gewartet!« Sehen wir den Tatsachen realistisch ins Auge, um die Enttäuschungen so gering wie möglich zu halten.

Es ist verdammt schwer, einen Job oder eine Aufgabe zu finden, bei der man das Gefühl bekommt, gebraucht zu werden. Ich spreche aus Erfahrung. Im Verlauf meiner zweiten Langzeittherapie habe ich an der Berufsorientierung teilgenommen – wie ich hoffte, mit Erfolg, denn der Arbeitgeber, der mir einen festen Arbeitsplatz für zwei Jahre geben würde, vorausgesetzt ich dürfte diese Tätigkeit gesundheitlich ausführen, käme in den Genuss eines Lohnkostenzuschusses von fünfzig Prozent für ein Jahr. So war ich sehr motiviert und sah positiv in die Zukunft, was die Arbeitsplatzsuche anbelangte. Ich setzte mich hin und schrieb an die siebzig Bewerbungen – ohne Erfolg.

Da ich mir im Laufe meiner Abstinenz eine positive Lebenseinstellung erarbeitet hatte, habe ich mir immer gesagt, dass es noch nicht sein sollte. Bereits vor meiner zweiten Langzeittherapie hatte ich mich um eine Festanstellung bei einem großen Unternehmen der Befestigungstechnik bemüht. Ich durfte mich sogar über ein Vorstellungsgespräch freuen. Ich hatte mich als Außendienstmitarbeiter beworben. Es kam der Tag, an dem ich das Gespräch hatte. Es lief sehr gut, aber leider wurde ich nicht genommen. Der Grund wurde mir auch gesagt: Ich sei zu lieb und brav für diesen Job. Denn auf die Frage, was meine Frau so an mir schätzte, habe ich nicht geantwortet, dass sie meine Spontaneität schätzt. Denn diese mag sie absolut nicht. Sie mag es nicht, wenn ich gleich einen Ausweg finde, wenn etwas nicht so klappt, wie es sollte. Wenn etwas umgeplant werden musste. Ja, das war mein Fehler und ich habe mich etwas geärgert. Ich habe es als Lehrstunde abgehakt und gut war es für mich. Es sollte nicht sein und vielleicht war es gut so.

Ich gebe zu, ich habe versucht, anderweitig wieder beruflich einzusteigen, und auch einiges an Geld und Zeit investiert, aber es sollte einfach nicht sein. Ich habe immer versucht, mich zu beschäftigen, auch wenn bis jetzt nicht das herausgekommen ist, was ich mir damals erhofft hatte. Ich suchte nach neuen Zielen und ich bin mir sicher, ich werde meine Erfüllung noch finden.

Das Leben schubst uns dahin, wo wir hinsollen. Wir dürfen nur nicht gleich den Kopf hängen und uns durch negatives

Denken unser Leben zerstören lassen, sodass wir wieder dem Alkohol verfallen. Suchen wir lieber nach Alternativen, die uns Freude bringen.

Welche Alternativen bleiben uns, um den Tag so sinnvoll wie möglich zu gestalten? Wer, was, wie, wo sind die Fragen, die wir uns stellen sollten, bevor wir der Langeweile verfallen und durch einen nicht ausgefüllten Tag wieder in alte Gewohnheiten zurückfallen. Stellen wir uns ernsthaft diese Fragen und schauen wir uns die Möglichkeiten an, die wir in der unmittelbaren Umgebung vorfinden. Wenn wir uns einfach die Zeit nehmen, um wirklich intensiv darüber nachzudenken, werden wir eine oder sogar mehrere Möglichkeiten finden, den Tag sinnvoll zu gestalten. Denn eines steht fest: Die guten, alten Zechbrüder werden bestimmt noch an den bekannten Stellen ihre Treffpunkte haben.

Warum schreibe ich *Zechbrüder* und *Treffpunkte*? Ich möchte Ihnen eine Situation beschreiben, die ich vor einiger Zeit erlebt habe. Ich war in Taucha, einer kleinen Stadt am Rand von Leipzig. Es war noch genügend Zeit bis zum Beginn der Selbsthilfegruppe, der ich mich angeschlossen hatte, und so ging ich durch die Stadt und sah zwei Männer auf einer Bank sitzen, jeder mit einer Flasche Bier in der Hand. Ich ging zuerst vorbei, hatte aber bereits die Absicht, die beiden auf meinem Rückweg anzusprechen. Ich sah ihnen an, dass sie ein Alkoholproblem hatten. Sie waren sichtlich vom Alkohol gezeichnet.

Als ich auf dem Rückweg war, sah ich dort nur noch einen sitzen. Ich setzte mich zu ihm und wir kamen ins Gespräch. Es war gerade 14.00 Uhr und ich kann nicht sagen, dass er betrunken war. Wir unterhielten uns und ich war erstaunt, dass er ganz offen sagte, dass er ein Alkoholproblem habe und jemanden suchte, der ihm half. Dieser Mann hatte bereits drei Langzeittherapien hinter sich. Er sagte wörtlich zu mir:

»Die Langeweile hat mich immer wieder hierher getrieben. Ein Bier und es war wieder geschehen.«

Wie sich herausstellte, war er Frührentner und hatte keine Familie. Er war also allein und hatte keine Aufgaben, keine Verpflichtungen, die seinen Tag ausfüllen konnten. So oder ähnlich wird es sehr vielen ergehen. Was können wir aber unternehmen, um eine Aufgabe zu finden, die uns zeigt, dass wir gebraucht werden? Sicherlich gibt es auch in Ihrer Nähe eine Einrichtung, in der man ehrenamtlich tätig werden kann.

Ich kenne da eine Einrichtung, die es fast in jeder Stadt gibt und in der man sicher gern gesehen ist. Es ist das Tierheim. Das Personal wird sich über Hilfe sicher freuen und die Tiere erst recht. Es hat nicht jeder das Glück, dass er auf dem Land wohnt, wo man sich ein Tier anschaffen kann. Aber fast überall hat man die Möglichkeit, ins Tierheim zu gehen. Einige werden vielleicht fragen, was sie dort machen sollen. Allein durch das regelmäßige Spazierengehen mit einem Hund werden Sie erleben, dass Sie gebraucht werden. Der Hund kann es uns Menschen nicht sagen, aber er wird es uns durch freudiges Schwanzwedeln und aufgeregtes Rennen, wenn er seinen Besucher erblickt, zeigen. Mir ist kein anderes Tier bekannt, das seine Freude so ausdrucksstark zeigen kann wie ein Hund. Wenn man die Möglichkeit hat, sollte man sie also nutzen, es wird nicht lange dauern, bis die Freude auf unserer Seite ist. Die Freude über das wunderbare Gefühl, wirklich gebraucht und gern gesehen zu sein, denn diese Freude ist echt und nicht vorgetäuscht, wie es bei Menschen vorkommen kann. Es ist erwiesen, dass Menschen, die mit einem Hund spazieren gehen, viel leichter mit ihren Mitmenschen ins Gespräch kommen und weitaus schneller sozialen Kontakt finden als Menschen, die allein durch die Welt gehen. Es sind Gefühle, die unser Körper wahrnimmt, die wir längst vergessen hatten und nun wiederentdecken können.

Erst vor einiger Zeit hatte ich ein Gespräch mit einer jungen Frau. Wir unterhielten uns über meine Alkoholabhängigkeit und darüber, dass ich das Leben jetzt mit anderen Augen sehe. Sicherlich muss ich dazu sagen, dass es auch immer wieder kleine gedankliche Rückschritte gibt.

Diese Frau hatte Kontakt zu einer Person, die sich mit spirituellen Dingen beschäftigte, zu einem Schamanen. Es klingt vielleicht eigenartig, aber der Name regt doch zum Nachdenken an. Sie lud mich eines Tages zu einem Treffen mit jener Person ein. Nach dessen Vorstellung, die mit der Tischordnung in der Familie begonnen hatte, durfte jeder, der es wollte, eine farbige Karte ziehen.

Bevor ich meinen Bericht weiterführe, möchte ich erwähnen, dass es beeindruckend war, was er bei den anderen Teilnehmern erkennen konnte. Es war mit Sicherheit nichts Gesponnenes dabei. Er legte die Umstände der Beteiligten knapp dar, ohne diese genauer auszuführen. Er hatte noch nie zuvor Kontakt zu diesen Personen gehabt, sodass er nichts aus deren Leben wissen konnte. Dennoch konnte er Tatsachen wie zum Beispiel von Frauen, die ein Kind verloren hatten oder es abtreiben ließen, wiedergeben.

Die Karten, die wir ziehen sollten, hatten alle Farben, auch transparente waren dabei. Sie hatten das Format A5. Ich zog auch eine und entschied mich für Gelb. Ich konnte mir schon denken, was dann kam. Er legte meine Karte auf den Fußboden und sagte gleich: »Oh, ein Sonnenkind.« Ich wusste, dass das kommen würde. Er hatte recht, ich fühlte mich wie ein Sonnenkind, seitdem ich trocken lebte. Dann stellte er sich auf die Karte und hampelte ausgelassen wie ein kleines Kind herum. Die Worte, die er dabei von sich gab, schreibe ich hier lieber nicht nieder. Er brachte zum Ausdruck, dass ich das Leben nicht so verbissen sehe. Es habe mit meinen Vorfahren zu tun, denn die waren auch so gewesen. Er bot mir an, das auf spirituelle Weise zu klären.

Sie werden sich jetzt sicher fragen, was das mit meiner Alkoholabhängigkeit zu tun hat. Es hat viel damit zu tun, denn er hat recht, ich sehe nicht *mehr* gleich alles schwarz und bin wieder ein recht lustiger Mensch geworden. Seine Aussage regte mich dazu an, über mich nachzudenken. Woher wusste er, dass ich das Leben nicht mehr so verbissen sehe? Dass ich jetzt, wo ich trocken bin, Dinge, die mich in meinen nassen Zeiten aus der Fassung gebracht hätten und regelrecht kopflos hätten werden lassen, um mit dem Kopf durch die Wand zu gehen, erst einmal abwartend betrachte?

Ich habe durch diese Begegnung erneut erfahren, dass ich, bevor ich in die Alkoholsucht abgerutscht bin, ein lebensfroher Mensch war und nur durch diese elende Sauferei das Leben düster gesehen habe. Es war kein Licht am Ende des Suchttunnels, was mich froh ins Leben hätte blicken lassen. Ich bin durch diese Begegnung dazu angeregt worden, nochmals nach hinten zu schauen, um erneut erkennen zu müssen, was der Alkohol in meinem Leben angerichtet hat. Erkennen musste ich, dass es dauert, sich eine solche Lebenseinstellung zu erarbeiten. Sie ist wohl auch nicht die schlechteste Einstellung, denn bis jetzt bin ich gut damit gefahren.

Ich habe schließlich auf die Dienste des Schamanen verzichtet, da ich mir mein jetziges Leben nicht von meinen verstorbenen Ahnen kaputtmachen lassen wollte. Ich bleibe lieber so, wie ich bin: trocken.

Was ich mit dieser Anekdote auch zum Ausdruck bringen möchte, ist, dass es Situationen in unserem Leben gibt, die wir dafür nutzen sollten, um einmal näher hinzusehen, zu hinterfragen, um immer wieder Vergleiche anzustellen. Der Vergleich muss die Fragen aufwerfen, wie es mir jetzt geht und wie es mir ging, als ich noch vom Alkohol besessen war.

Welche Früchte des Lebens konnte ich in der Zeit ernten, in der ich trocken lebe?

Arbeit ist Beschäftigung und lenkt ab, aber sie kann auch so weit ablenken, dass wir unser Suchtproblem durch sie verdrängen können, uns so unbemerkt wieder in Gefahr begeben können. Denken wir also nicht immer nur an eine Arbeit, wenn es darum geht, sich zu beschäftigen. Es gibt unzählige Möglichkeiten, sich zu beschäftigen und so das Gefühl zu erlangen, gebraucht zu werden. Es hat schon Rückfälle gegeben, bei denen der Betroffene zu viel von der Arbeit hatte, sodass er gar nicht mehr an sich denken konnte, und so allmählich in ein inneres Tief geriet. Das Unterbewusstsein registriert das innere Tief und lässt es durch einen Rückfall zum Ausbruch kommen, ohne große Voranmeldung. Versuchen wir lieber, immer schön die Balance zu halten, wenn wir in der glücklichen Lage sind. So sollten wir unseren Körper und Geist nicht allzu sehr überfordern. Er wird es uns mit einer zufriedenen Abstinenz danken.

Umgang mit der Meinung anderer Menschen

Sorgen wir uns nicht um das Geschwätz anderer Leute – klären wir die Verhältnisse lieber gleich und nehmen wir sie uns nicht so zu Herzen! Mir ging es auch so. Es wurden Dinge über mich in die Welt gesetzt, die an den Haaren herbeigezogen waren.

Eine ganze Zeit nach meiner ersten Langzeittherapie erzählte ein allzu wissbegieriger Mitbürger in unserer Ortschaft, ich würde ohne Führerschein Auto fahren. Man hätte mir den Führerschein entzogen. Die Person ging selbst nicht vor die Tür, setzte aber gern Gerüchte über andere in die Welt, die nicht der Wahrheit entsprachen. Dieses Gerücht konnte ich ganz einfach aus der Welt schaffen: Ich habe ihm meinen Führerschein unter die Nase gehalten und ihn gleich dazu aufgefordert, zu mir zu kommen, wenn er Fragen oder Probleme mit meiner Person habe. Ich versicherte ihm, dass ich diese – sollten sie ihn etwas angehen – beantworten würde. Von dem Tag an hatte ich vor diesem Menschen meine Ruhe, was die Verbreitung von Gerüchten anbelangte. Es ist nicht so, dass ich ihm böse bin, wir reden immer noch miteinander und halten einen Schwatz, wenn man sich im Dorf trifft.

Ich habe mit Alkoholikern gesprochen, denen es selbst in der eigenen Familie passiert ist, dass hinter ihrem Rücken getuschelt und immer die heimliche Frage gestellt wurde, ob er wieder trinkt oder nicht, nur um sich dann sicher zu sein, er trinke wieder. Diese Meinungen wurden meist bei Feierlichkeiten ausgetauscht, wenn der Alkoholpegel der Nichtabhängigen schon in die Höhe gestiegen war. Dieses Verhalten hat zu etlichen Rückfällen geführt, weil innerhalb der Familie kein Vertrauen da war oder Neid auf die Errungenschaft des trockenen Alkoholikers bestand. Es ist wie bei ungerechtfertigter Kritik, denn diese beinhaltet nicht selten ein verstecktes Kompliment. Wenn wir einfach die Anspielungen ignorieren, werden wir sehen, dass wir den Gerüchten damit den Wind aus den Segeln nehmen.

Meine Frau, der ich viel zu verdanken habe, gerade in der letzten Zeit, als ich einige Dinge beruflicher Art ausprobiert habe, die nicht von Erfolg gekrönt waren, ließ mich gewähren. Natürlich äußerte sie ihre Bedenken, aber sie ließ es mich ausprobieren. Es dauerte aber eine ganze Zeit, bis sie meine Auffassung akzeptierte. Bevor wir so weit waren, hatten wir manche harte Diskussion auszufechten. Manchmal ging es ganz schön zur Sache, denn ich kann ein Dickkopf sein und meine Frau ist immer sehr pessimistisch.

So stand immer wieder die Frage im Raum, wie es mit

meiner beruflichen Situation weitergehen sollte. Sicher verstehe ich, dass meine Frau sich Sorgen machte, damit wir alle anfallenden Rechnungen und die Raten für das Haus zahlen konnten. Ich habe aber im Laufe der Zeit meine Lebenseinstellung geändert und sehe nun nicht gleich alles schwarz wie früher.

Schließlich kam es zu einem Streit, nach dem ich mich in mein Kellerbüro setzte und erst einmal in aller Ruhe nachdachte. Ich saß da und der Alkohol war nicht weit weg, doch ich sagte mir, wenn ich jetzt schwach werden würde, hätte ich gleich zwei Niederlagen erlitten. Ich saß etwa eine halbe Stunde da, bis ich mir sagte, ich könne doch lieber mit meinem Hund raus in die Natur gehen. Sie werden es mir nicht glauben, aber als ich wiederkam, sah die Welt schon wieder viel friedlicher aus.

Hätte mir der Griff zur Flasche in irgendeiner Weise geholfen? Im ersten Moment vielleicht, aber nein, nicht einmal dann, er hätte nur betäubt! Was hätte ich neben meiner Abstinenz noch alles zerstört? Sicherlich auch meine Selbstachtung verbunden mit dem Selbstvertrauen, das ich mir aufgebaut hatte. Meine Frau wäre danach noch schlechter auf mich zu sprechen gewesen, was sich möglicherweise zwar wieder gelegt hätte, aber ich hätte den Kampf mit dem Alkohol verloren. Ich habe den Kampf gegen ihn gewonnen und meine Frau hat sich daran gewöhnt, dass ich der Meinung bin, es gehe immer weiter. Die Hauptsache ist, wir bleiben gesund.

Zeit nehmen, um in Ruhe nachzudenken

Wie viel Zeit brauchen wir, um nachzudenken? Diese Frage ist nicht einfach zu beantworten. Es ist an jedem Einzelnen, sich die Zeit zu nehmen, um sich zu fragen: Löse ich das Problem oder den Schicksalsschlag mit dem Griff zur Flasche? Was mache ich mir damit kaputt? Hilft mir der Alkohol? Ändere ich etwas an der Tatsache?

Ich musste mir schon öfter die Zeit nehmen, um in Ruhe nachzudenken. Diese Ereignisse möchte ich aber in einem gesonderten Unterkapitel schildern. Das Schicksal hat bei mir schon einige Male während meiner trockenen Zeit erbarmungslos zugeschlagen. Aber es heißt nicht zu Unrecht: In der Ruhe liegt die Kraft. Es ist verdammt schwer, in Ruhe nachzudenken, wenn man vor überwältigenden Problemen steht und plötzliche Ereignisse verkraften muss, mit denen man von einer Sekunde auf die andere konfrontiert wird, wie es mir ergangen ist.

Wie viel Zeit braucht es also? Ich muss bei dieser Frage an eine Frau denken, die ich in Wermsdorf kennenlernen durfte. Sie hatte einen Monat gehadert und dann den Kampf verloren. Sie hatte eine ihrer Töchter durch einen tragischen Verkehrsunfall verloren. Sie kam einfach nicht mit dem schweren Verlust zurecht und suchte sich Hilfe bei einem Psychologen. Er konnte ihr allerdings nicht helfen und machte eine Bemerkung, die die Frau aus der Bahn warf. Sie verkraftete nicht, dass er der Meinung war, wenn dieser tragische Unfall nicht geschehen wäre, wäre etwas anderes passiert. Diese Äußerung konnte sie nicht nachvollziehen und sie hat ihr nicht über den Schmerz hinweggeholfen. Wenn sie versuchte, in Ruhe darüber nachzudenken, endete sie immer und immer wieder in einer Endlosschleife. So griff sie schließlich zum Alkohol, der ihr aber auch nicht weiterhelfen konnte. In Situationen wie dieser sollten wir uns bewusst werden, was wir unserem Körper und Geist mit dem Alkohol antun. Mit dem Griff zur Flasche machen wir Geschehenes nicht rückgängig.

Der vorhersehbare Rückfall

In der Punica Oase habe ich die Bekanntschaft eines Alkoholikers gemacht. Er war ein netter Mensch, der schon sechzehn Jahre lang trocken gelebt hatte, bis er es mit dem kontrollierten Trinken versuchen wollte. Er ist ein intelligenter Mensch, er hielt sogar Rücksprache mit seinem Hausarzt, der ihm zwar abriet, aber im gleichen Atemzug sagte: »Wenn Ihnen danach ist, müssen Sie es eben ausprobieren.«

Der Stress auf der Arbeit, die Montagearbeit und die räumliche Trennung von der Familie trugen ihren Teil zum Rückfall bei. Es war einer der Versuche des kontrollierten Trinkens, die in neunundneunzig von hundert Fällen misslingen. Seine Familie stand trotz allem hinter ihm und ließ ihn nicht fallen. Das ist mit Sicherheit nicht immer der Fall.

Bei Vorhaben wie dem kontrollierten Trinken sollten wir lieber an unsere Gesundheit denken, die sich in der Zeit, in der wir trocken leben, mit aller Wahrscheinlichkeit erholt und stabilisiert. Beerdigen wir unsere Trinkvergangenheit und suchen etwas zur Mahnung. Es wird uns nicht gelingen, ein Leben in zufriedener Abstinenz zu führen, wenn wir Tag ein Tag aus an unser Suchtproblem denken, um uns jeden Tag wieder und wieder zu sagen: »Hilfe, ich bin Alkoholiker.« So werden wir eines Tages anfangen, unsere Abstinenz zu hassen. Ein erster Schritt in Richtung Rückfall wäre somit schon gemacht, weil uns die Gedanken an den Alkohol nicht loslassen. Wir sollten uns die negativen Erlebnisse der Sucht immer wieder aufrufen, bei denen es uns elend ging. Diese sollten uns Mahnung genug sein.

Gesunder Egoismus

Ich möchte nochmals auf den gesunden Egoismus zurück-
kommen, da dieser gerade für uns in Abstinenz lebenden
Alkoholiker eine nicht unerhebliche Rolle spielt. Es sind nicht
nur die Dinge, mit denen wir uns ganz bewusst etwas Gutes
tun wie ein schönes, warmes Bad, eine Massage oder schön
Essen gehen. Es sind Ereignisse, die jeden Tag auf uns zukommen. Ohne dass wir groß darüber nachdenken, geraten
wir in Lebenssituationen, die für uns unangenehm sind. Sie
werden auf jeden Fall auf uns zukommen und dann müssen wir ihnen etwas entgegensetzen können. Auch wenn es
schwerfällt, müssen wir lernen, Nein zu sagen, je schneller,
desto besser. Es ist nicht möglich, jedem Menschen immer
recht zu geben und seine Meinung zu teilen, um ihm einen
Gefallen zu tun, ihn nicht zu verletzen oder sei es nur, um mit
der eigenen Meinung nicht gegen den Strom zu schwimmen.
Ich bin sicher, auch Sie haben jemandem schon einmal einen Gefallen versprochen, den Sie im Nachhinein nicht gern
erfüllt haben. Es wird Sie dabei immer wieder der Gedanke
geplagt haben, wie Sie sich bloß aus dem Versprechen herausziehen könnten. Lassen wir es nicht so weit kommen. Sagen
wir lieber rechtzeitig, konsequent und mit ruhiger, fester
Stimme Nein. Auch wenn unser Gegenüber dann vielleicht
enttäuscht oder sogar verärgert ist. Durch einen gesunden
Egoismus werden wir unseren Willen festigen, abstinent zu
leben. Denken wir an uns und unser Wohlsein.

Zeit

»Die Zeit heilt fast alle Wunden«, es ist schon etwas dran
an dieser Weisheit, aber es bleiben immer tiefe Narben zu-

rück. Wie groß und hässlich diese ausfallen, hängt von der jeweiligen Trinkerkarriere und dem Leben, das man sich als trockener Alkoholiker aufbaut, sowie der Ernsthaftigkeit gegenüber dem abstinenten Leben ab. Es sind nicht nur die Narben bei uns Alkoholkranken, es sind auch die Narben bei den Angehörigen, den Freunden, die sicherlich viel langsamer verwachsen. Denn es wird immer wieder die Angst in ihnen sein, dass wir einen Rückfall erleiden und doch allem Wissen zum Trotz nicht gleich Hilfe in Anspruch nehmen. Es besteht immer die Angst, dass alles wieder so wird wie vor der Abstinenz. Das kleine Pflänzchen des Vertrauens muss mühsam gepflegt werden, um heranwachsen zu können, und das braucht Zeit. Es ist eine Frage der Partnerschaft. Hat sich der Partner getrennt, dann muss jeder für sich einen neuen Lebensweg finden. Im Idealfall hat die Beziehung der Krankheit und allen darin enthaltenen Tiefen standgehalten.

Wie der Neuanfang auch aussehen mag, er wird nicht leicht sein. Doch jeder Neuanfang hat seine Chancen. Diese Chancen zu ergreifen, erfordert viel Zeit, Geduld und Verständnis. Etwas Rücksicht von allen wird den Start in ein neues, abstinentes Leben erleichtern, von dem alle positiv profitieren werden.

Angst

Ein hohes Maß an Angst können insbesondere die Angehörigen von Alkoholikern haben. Sie haben Angst, dass der Alkoholiker bei einem Rückfall alles zerstört, vor allem das Vertrauen. Ja, auch trockene Alkoholiker haben Angst, Angst davor, einen Rückfall zu haben, der sie wieder aus der Bahn werfen kann.

Aber was ist eigentlich Angst? Schützt sie uns nicht auch?

Ist Angst nicht schon durch die Evolution des Menschen tief in uns verankert? Hat sie nicht dafür gesorgt, dass der Mensch seine Erfolgsgeschichte schreiben konnte? Gibt sie uns nicht ein gewisses Maß an Schutz? Ist es Angst oder können wir auch Furcht oder Sorge sagen? Sicherlich werden all diese Begriffe zutreffen, denn Angst, Sorge und Furcht liegen so eng beieinander, dass wir nicht in der Lage sind, sie zu trennen. Sind da nicht aufkommende negative Gefühle in uns? Hat Angst nicht auch immer mit Gefühlen und Zukunftsahnungen zu tun? Die mit der tatsächlich oder vermeintlich erhöhten Wahrscheinlichkeit eines eintretenden Schadens verbunden sind? Bereiten wir uns in Gedanken schon auf ein vielleicht eintretendes Ereignis vor? Das möglicherweise gar nicht eintritt oder noch in sehr weiter Ferne liegt und eigentlich unumgänglich ist?

Es ist eine Anspannung in uns, die eine Ungewissheit hervorruft. Diese beeinflusst unsere Empfindungen, die sich in unserem Verhalten widerspiegeln. Sie können durch eine eingetretene oder erwartete Bedrohung, Ängste vor dem Tod, ja dem Verlust eines geliebten Menschen oder bestimmten Tieren hervorgerufen werden. Auch vor Schmerzen kann man Angst haben, zum Beispiel vor einer Operation. Ängste, Furcht und große Sorgen können uns durchaus depressiv werden lassen.

Haben wir Alkoholiker nicht auch Angst, hinzufallen? Wieder zur Flasche zu greifen? Wir brauchen davor keine Angst zu haben! Wir müssen nur davor Angst haben, nicht wieder aufzustehen und uns Hilfe zu suchen. Das wäre das Schlimmste, das uns bei einem Rückfall widerfahren kann. Denn ein Rückfall gehört zum Krankheitsbild dazu.

Ich möchte den Alkoholikern und Angehörigen die Angst nehmen. Und ich möchte gezielt diejenigen ansprechen, die sich zu den Otto-Normal-Bürgern zählen. Ihr seid nicht allein mit der Sucht. Es gibt in unserer Gesellschaft ganz andere Größen, die die Sucht gepackt hat. Schauspieler, Sänger, Sportler.

Ebenso muss niemand Angst davor haben, keine Hilfe zu bekommen. Das Wichtigste ist, dass der Alkoholiker den ersten Schritt tut und die helfende Hand annimmt.

Alkohol in Lebensmitteln und Medikamenten

Alkohol in Lebensmitteln ist ein Thema, über das wir Alkoholiker stundenlang eine Diskussion führen könnten, um dennoch zu keinem übereinstimmenden Ergebnis zu gelangen. Es ist unumstritten, dass gerade Alkoholiker darauf achten sollten, was sie essen und trinken. Doch leider wird es uns nicht leicht gemacht, schnellstmöglich zu erkennen, in welchen Lebensmitteln sich Alkohol versteckt.

Zudem stellt sich die Frage, ob dieser versteckte Alkohol für uns gefährlich in Anbetracht eines möglichen Rückfalls ist. Ich möchte nicht auf alkoholfreies Bier, Wein oder Sekt und erst recht nicht auf Weinbrandbohnen eingehen, denn dass diese ein erhöhtes Rückfallrisiko beherbergen, muss klar sein. Mir geht es um den versteckten Alkohol. Es sind nicht nur Lebensmittel, selbst Medikamente sowie Salben und Gels enthalten Alkohol.

Was uns oft nicht bewusst ist, ist, dass unser Körper selbst auch einen geringen Teil an Alkohol produziert, was einer jungen Frau während meiner zweiten Langzeittherapie erheblichen Ärger einbrachte. Bei einer Alkoholkontrolle zeigte der Alkomat eine geringe Menge an Atemalkohol an. Auch hier versagte das Personal, denn nach Vorschrift hätte diese junge Frau nach gründlichem Mundspülen nochmals einen Test machen müssen. Man hat es ihr verweigert. Ihr wurde stattdessen ein Rückfall angehangen, der ihr so zu schaffen machte, dass sie die Therapie abbrach, obwohl sie keinen Tropfen Alkohol oder ein Lebensmittel mit Alkohol zu sich genommen hatte. Selbst ein teilweises Schuldeingeständnis des Personals, die Regeln des Alkoholtests nicht eingehalten zu haben, konnte diese Frau nicht wieder in ihre Bahn zurückbringen.

Durch den Verzehr von einfachem Brot kann es zur Alkoholerzeugung im menschlichen Körper kommen. Gerade im Mund und Rachenraum, also dort, wo sich Speisereste befinden, kann es durch die enthaltene Hefe in Verbindung mit Speichel zu einer Vergärung kommen. Selbst Obst und andere natürliche Lebensmittel enthalten von Natur aus Alkohol. So entsteht im natürlichen Reifeprozess aus den im frischen Obst enthaltenen Kohlenhydraten Alkohol. Beispielsweise enthält 1 Kilogramm Bananen zehn Tage nach dem Kauf rund 6 Gramm Alkohol. Auch anderes Obst und Fruchtsäfte enthalten Alkohol. Bei Fruchtsäften sind es bis zu 3 Gramm, bei Traubensaft bis zu 10 Gramm Alkohol pro Liter. Alkohol entsteht durch Hefe bei der Brotherstellung, zum Beispiel bei der Teigauflockerung. Normales Mischbrot enthält daher zwischen 2 und 4 Gramm Alkohol pro Kilogramm. Ebenso entsteht bei der Vergärung zu Milchsäure Alkohol. Deshalb enthalten insbesondere Sauerteigbrot, Sauerkraut, aber auch Kefir natürliche Mengen an Alkohol.

Es stellt sich nun die Frage, ob trockene Alkoholiker auf Obst verzichten müssen. Ich denke nicht, viel wichtiger ist es doch, dass wir bewusster bei den Lebensmitteln hinsehen, in denen Alkohol ausgewiesen wird. Ärzte und Verbraucherschützer raten, immer das Kleingedruckte zu lesen, denn neueste Studien gehen davon aus, dass sogar kleine Mengen an Alkohol bei Kindern den Geschmack für später prägen. Das liegt am assoziativen Gedächtnis. Beim regelmäßigen

Naschen von Lebensmitteln mit Alkohol gewöhnt sich das Gehirn an den Geschmack und verbindet ihn so mit einem wohligen, angenehmen Gefühl, eventuell sogar mit dem Gefühl von Belohnung. Darum sollten wir unseren Kindern keine Lebensmittel zum Verzehr reichen, bei denen schon der Name verrät, dass Alkohol im Spiel ist. Beispiele dafür sind die Schwarzwälder Kirschtorte oder Weinbrandbohnen. Noch weniger sollte man sie zu Feierlichkeiten an einem Eierlikör nippen lassen.

Für uns trockene Alkoholiker ist und bleibt es eine Gratwanderung, die jeder für sich ausmachen muss. Wir sollten genauer hinsehen, gerade bei Produkten, bei denen wir einen Alkoholanteil vermuten. So sehe ich prinzipiell beim Kauf von Schokoladenartikeln und anderen Süßwaren immer auf die Inhaltsstoffe des Produktes, denn ich möchte meine Abstinenz nicht durch leichtsinnigen Umgang mit diesen Lebensmitteln aufs Spiel setzen. Bei Medikamenten ist es noch weitaus gefährlicher.

Wie schnell können wir zu einem Hustensaft greifen, in dem Alkohol ist? Viele Medikamente, vor allem pflanzliche Präparate in flüssiger Form, enthalten Alkohol. In der Fachsprache wird unter Alkohol Ethylalkohol bzw. Ethanol verstanden. Er befindet sich in den klassischen Alkoholika Bier, Wein oder anderen hochprozentigen Getränken, aber er ist auch als Konservierungsstoff und Auszugsmittel in verschiedenen Medikamenten enthalten. Ethanol ist also der bekannteste Vertreter aus der großen chemischen Gruppe der Alkohole. Zur Herstellung pflanzlicher Arzneimittel wird seit jeher Ethanol eingesetzt, um einen hohen Wirkstoffgehalt im Medikament zu erzielen. Dazu werden zum Beispiel Kräuter oder Pflanzenbestandteile über einen längeren Zeitraum in Alkohol eingelegt und anschließend abgegossen.

Ethanol ist zudem ein natürlicher Alkohol, der überall dort

vorkommt, wo nasse, zucker- oder stärkehaltige Substanzen durch allgegenwärtige Hefezellen vergoren werden. Das wirkt sich vorteilhaft auf Umbau- und Abbaureaktionen in den Zellen aus und fördert so die Wirkung der Arzneimittel. Der Alkoholgehalt von Arzneimitteln ist für die meisten Menschen völlig ungefährlich, selbst wenn sie ein pflanzliches Medikament über einen längeren Zeitraum einnehmen. Alkohol in Arzneimitteln gilt unter Pharmazeuten nicht als Wegbereiter für eine Alkoholabhängigkeit. Das bedeutet aber nicht, dass Alkoholkranke alkoholhaltige Medikamente einnehmen dürfen. Hier hat das Gebot der absoluten Abstinenz Vorrang. Bei Kindern jedoch streiten sich die Geister.

Die heute erhältlichen Präparate enthalten üblicherweise 30 bis 50 Volumenprozent Alkohol, der in Einzeldosierungen von ca. 2 Millilitern oder 2 Gramm eingenommen wird. Daraus lässt sich dann ein momentaner Blutalkoholspiegel von 0,01 bis 0,02 Prozent ableiten, der bereits nach wenigen Minuten wieder abgebaut wird. Aus pharmazeutischer Sicht besteht daher auch für Kinder keine Gefahr durch alkoholhaltige Arzneimittel.

Vielmehr verweisen Pharmazeuten und Apotheker auf die ihrer Meinung nach größere Gefahr durch den fahrlässigen Umgang mit frei verkäuflichem Alkohol. Selbst in kosmetischen Artikeln ist Alkohol enthalten, sodass der Geruch von Alkohol beim Gebrauch dieser Artikel unser Suchtgedächtnis wecken könnte. In flüssigen Kosmetika kann bis zu 80 Prozent Alkohol enthalten sein. Das hat mehrere Vorteile: Der Alkohol trägt die Duftstoffe auf die Haut auf, desinfiziert sie und verdunstet schnell. Nachteile für uns sind, dass die verdunstenden Alkoholdämpfe über den Geruchssinn das Verlangen nach *mehr* auslösen können. Über die Haut kann kein Alkohol in den Blutkreislauf eindringen, aber wie schon erwähnt ist auch hier die Rückfallgefahr vorhanden.

Ich habe selbst Patienten kennengelernt, die es nicht mehr aushielten und zum Rasierwasser gegriffen haben, es mit Cola oder anderen Getränken verdünnt haben, um es trinken zu können, damit sie erst einmal ruhiger werden konnten, um sich dann auf den Weg zu machen, um den Alkohol zu holen, der zum Verzehr gedacht ist.

Selbst in homöopathischen Medikamenten ist Alkohol enthalten. Es sind Präparate, bei denen wir uns Linderung der körperlichen Beschwerden versprechen, doch ist Vorsicht geboten. Alle homöopathischen Medikamente in Tropfenform werden in einer Alkohollösung zubereitet. 100 Tropfen der 65-prozentigen Ursubstanz enthalten 1,026 Gramm reines Ethanol (ein Glas Wein mit einem Alkoholgehalt von 12 Prozent enthält 9,5 Gramm).

Auch in Reinigungsmitteln ist Alkohol enthalten, sodass ich zu dem Fazit gelange, dass wir an Alkohol in unserem Leben nicht vorbeikommen. Er begegnet uns fast immer auf Schritt und Tritt. So sollten wir aufmerksam und in einigen Situationen auch skeptisch sein, wenn es um versteckte Alkohole geht. Die Gefahren lauern überall.

Alkohol in unserer Medienlandschaft

Ist es nicht verwunderlich, dass die Zigarettenwerbung nicht mehr existiert, gerade im Fernsehen aber weiter kräftig für Alkohol geworben werden darf? Auf jeder Zigarettenschachtel steht gedruckt: »Rauchen gefährdet Ihre Gesundheit.« Es wird vor Krebserkrankungen gewarnt. Ich frage mich, wo bleiben diese Hinweise auf Schnapsflaschen und dergleichen? Wieso verschwindet die Alkoholwerbung nicht aus unseren Rundfunksendungen?

Was ist Werbung eigentlich? Was verbirgt sich hinter diesem Wort? Werbung dient der bewussten und gezielten Beeinflussung des Menschen. Sie verspricht sich einen kommerziellen Nutzen. Dieser kommerzielle Nutzen liegt im finanziellen Gewinn. Werbung soll möglichst in vielen Menschen das Bedürfnis wecken, den beworbenen Artikel käuflich zu erwerben. Dabei wird gezielt auf emotionale Beeinflussung gesetzt, um einen bestimmten Artikel für den Verbraucher so schmackhaft zu machen wie möglich.

In Deutschland haben sich die Werbeausgaben für alkoholische Getränke seit der Wiedervereinigung von rund 360 Millionen Euro um ein Drittel erhöht und liegen somit bei rund 500 Millionen Euro. Fast drei Viertel des Geldes entfällt auf Bierwerbung. Es werden gezielt bestimmte Altersgruppen angesprochen. Bei reinen Bieren ist es die mittlere Altersgruppe, die angeworben werden soll. Für alkoholische Mischgetränke wird eine reizvolle Mixtur aus Alkoholgenuss, Lifestyle, Sex, Spaß und Stärke zusammengebraut, um dann mit jungen Darstellern in der Partyszene zu werben, die jeden Jugendlichen reizvoll anspricht. Ist es den Jugendlichen zu verdenken, wenn sie der Werbung erliegen?

Genau dieses Wissen macht sich die Werbeindustrie zunutze. Schön muss es aussehen, Spaß und Freude soll die Werbung versprechen. Sollten diese Werbemacher nicht gezwungen werden, bei jedem Werbespot einzublenden, wie viele Menschen jährlich durch Alkoholeinfluss verunglücken?

Die Werbemacher von Mixgetränken und Alcopops haben sich schon etwas dabei gedacht, die Strategie scheint zu funktionieren. Innerhalb von fünf Jahren hat sich der Absatz von Alcopops in der Altersgruppe der 14- bis 19-Jährigen versechsfacht. In der Gruppe der 14- bis 17-Jährigen gaben bei einer Umfrage der Bundeszentrale für gesundheitliche Aufklärung 48 Prozent an, mindestens einmal im Monat

Mixgetränke zu konsumieren. Diese Angaben findet man bei genauer Suche im Internet.

Es sollte so gehandhabt werden wie mit der Nikotinwerbung, man sollte sie abschaffen. Es wird so viel über Suchtprävention gesprochen und geschrieben, doch auf diesem Weg wird nichts getan. Es sind nicht nur Alkoholiker, die ihre Probleme damit haben, wir müssen auch an unsere Kinder und Enkel denken. Denn das Suchtproblem ist so vielfältig, dass wir jede Möglichkeit nutzen müssen, um Suchtpräventionsarbeit zu leisten. Es muss zur Pflicht werden, unsere Kinder so gut wie möglich vor Suchtmitteln zu schützen, denn Kinder sind das höchste Gut, was wir als Eltern haben und was unser Staat hat.

Ist Alkoholsucht vererbbar?

Das ist eine Frage, die sich gerade trockene Alkoholiker oft stellen. Warum? Es ist die Angst davor, dass die eigenen Kinder auch in die Abhängigkeit rutschen könnten. Die Wissenschaft hat sehr oft versucht, das zu bestätigen, aber einen festen Beweis konnten Wissenschaftler noch nicht erbringen. Diese Erkenntnis sollte uns beruhigen, doch sie soll nicht bedeuten, dass man sich untätig zurücklehnen kann, denn gerade in unserer heutigen Zeit muss es nicht beim Alkohol bleiben. Vielmehr haben wir dafür Sorge zu tragen, dass unsere Kinder über mögliche Gefahren einer Sucht aufgeklärt werden. Wir haben die Pflicht, offen mit ihnen darüber zu sprechen, was es heißt, abhängig zu sein.

Aber warum wird von der Forschung versucht, eine Vererbung zu beweisen? Ist es die Häufung von Abhängigkeit in Familien, in denen ein Elternteil oder mehrere Geschwister an einer Sucht leiden? Wenn es nun nicht nachgewiesen ist, dass die Erkrankung an der Alkoholsucht vererbt wird, worin liegt dann die Häufung begründet? Es ist einfach das Leben, das uns so beeinflusst, dass wir in den Suchtstrudel geraten. So war es auch bei mir. Ich habe es nicht anders kennengelernt und es damals als ganz normal angesehen, Alkohol zu konsumieren.

Schlummert Alkoholsucht also in jedem Menschen? Oder hängt sie von den Lebensumständen, der Erziehung, der Vorbildfunktion der Eltern oder dem sozialen Umfeld ab?

Ich bin der Auffassung, es liegt vor allem daran, wie man mit der jeweiligen Lebenssituation umgeht. Schon kleinste Probleme können einem Menschen so zu schaffen machen, dass er sein Heil im Alkohol sucht. So kommt es, dass der eine Schnaps oder das eine Bier nicht mehr reicht, und schon wird der Alkoholkonsum gesteigert, bis der Status erreicht ist, dass es ohne den Teufel Alkohol nicht mehr geht, dass man ohne ihn nicht mehr zur Ruhe kommt oder abschalten kann.

Der Wille zählt

Es ist nicht nur eine Floskel, zu sagen: Der Wille ist entscheidend. Es ist so und nicht anders und wir kommen nicht umhin, das anzuerkennen. Was nützen uns die besten Vorsätze, wenn der Wille fehlt? Wir müssen erkennen, dass nur wir allein für unser Leben verantwortlich sind, und diese Verantwortung müssen wir übernehmen. Nur unser eigener Wille lässt uns in Momenten der Versuchung stark bleiben. Der Wille und die uneingeschränkte Einsicht, dass wir ein Leben lang keinen Alkohol trinken sollten.

Ich werde nie die Worte vergessen, die mir meine Therapeutin auf eine recht vorwurfsvolle Art an den Kopf warf: »Herr Hönemann, Sie sind doch nur trocken, weil Sie so stur sind.« Meine Sturheit sollte mich noch in so einigen Situationen in meinem weiteren Leben vor einem Rückfall schützen. Die Sturheit hat auch viel mit einem eisernen Willen zu tun. Meine Therapeutin hatte sicherlich noch nicht erkannt, dass ich oder besser gesagt wir Alkoholiker auch stur sein müssen. Das gilt insbesondere bei Situationen, Vorkommnissen und bei jeglichen Handlungen und Gedanken, die mit Alkohol in Verbindung gebracht werden können. Wir müssen uns einen gewissen Grad an Sturheit zur Sicherung unseres abstinenten Lebens abverlangen können. Das, was abverlangt wird, ist und bleibt unser fester Wille zum abstinenten Leben. Die Therapeutin wollte mir gern andere Wege zeigen, damit ich nicht mehr so stur bin, aber sie konnte es nicht. Ich müsste ihr eigentlich dafür dankbar sein, denn wenn ich mich auf andere Wege eingelassen und meinen starken Willen geschwächt hätte, wäre ich vielleicht schon rückfällig geworden.

Der Wille, abstinent zu leben, hat nichts damit zu tun, dass ich die ganze Sache der Alkoholkrankheit eng und verbissen sehen muss. Es liegt an jedem selbst, zu erkennen, wann und wie er seinen eigenen Willen und seine dazugehörige Sturheit einsetzen muss, um dem Alkohol die kalte Schulter zu zeigen.

Mit der Willensumsetzung in Zusammenhang stehen das Durchhaltevermögen und die Fähigkeit, sich in bestimmten Lebenssituationen zu konzentrieren. Der Wille ist die Fähigkeit, auftretende Hindernisse beim Erreichen der Zielsetzung zu umgehen. Das Maß, in dem Sie an die Stärke Ihres Willens und an die eigenen Fähigkeiten, die Ziele zu erreichen, die Sie sich gesteckt haben, glauben, hat mit dem aufgebauten Selbstbewusstsein zu tun. Um etwas zu wollen, müssen wir uns zunächst einmal ein Ziel erschaffen, das die Abstinenz sein muss. Die beste und stärkste Motivation ist und bleibt der absolute Wille zum Leben. Denn wenn wir uns für das Leben entschieden haben, haben wir uns für einen Weg entschieden, auf dem es uns weitaus leichter fallen wird, unseren Willen der Abstinenz durchzusetzen.

Sollte aber unser Wille einmal schwächeln und wir einen Rückfall erleiden, so ist das immer noch kein Grund, im Erdboden zu versinken. Man muss sich Hilfe holen und wieder die Abstinenz anstreben. Hinfallen ist keine Schande, man muss nur wieder aufstehen.

Reden

Es gibt das schöne Sprichwort: Reden ist Silber, Schweigen ist Gold. Diesen Satz möchte ich umdrehen und behaupten: Schweigen ist Rückfall, Reden ist Abstinenz. Warum? Weil wir in schweren Situationen, die uns an den Rand eines Rückfalls führen, durch Reden unser Inneres erleichtern und Zeit dafür gewinnen, bestimmte Situationen zu lösen, um uns zu hinterfragen, ob der Griff zur Flasche eine Lösung des Problems ist.

Auch für Co-Abhängige gilt, immer das Gespräch mit dem Abhängigen zu suchen. Gerade in der Phase, in der der Süchtige zugänglich ist, also im nüchternen Zustand.

Schicksalsschläge, die mich an meine Grenzen brachten

Ich musste Schicksalsschläge hinnehmen, die mich an den Rand des Rückfalls gebracht haben. Aber auch diese habe ich mit Ruhe und der für mich arbeitenden Zeit, in der ich standhaft geblieben bin, gemeistert.

Es war der 1. Dezember 2005 und ein schöner, sonniger Tag. Es war ein Donnerstag, für das kommende Wochenende hatte der Wetterbericht schlechtes Wetter gemeldet. Da meine Frau gern die Lichterkette am Tannenbaum vor dem Haus haben wollte, dachte ich, dass ich diese besser noch heute an den Baum machen sollte, dann musste ich mich bei dem schlechten Wetter nicht draußen herumplagen. Da wir unseren Hund Putz im Sommer einschläfern lassen mussten, hatten wir nach langem Hin und Her endlich einen kleinen, neuen Hund namens Nelly zu uns genommen. Diesen hatte ich schon, bevor wir ihn für immer zu uns holten, an den Nachmittagen zu uns nach Hause geholt, damit er sich an die Umgebung gewöhnte. Er war nun gerade zehn Tage bei uns, als der erste Dezember kam.

Wir wohnen an einer Straße, die nicht viel befahren wird. Ich begann mit dem Anbringen der Lichterkette. Unsere Nelly hatte ich noch im Zwinger, doch sie machte so einen Krach, dass ich sie rausließ. Sie schwänzelte immer um meine Beine herum und doch war sie dann irgendwann durch eine Lücke im Zaun gekrochen. Als ich sie an Nachbars Torpfeiler sah, kam ein Auto die Straße hochgefahren. Unsere kleine Nelly hatte Angst und rannte los, sie wollte nach Hause. Sie schaffte es nicht einmal bis zur Straßenmitte. Obwohl die Beifahrerin den Fahrer auf Nelly aufmerksam machte, dachte er nicht ans Bremsen. Er fuhr sie einfach tot. Ich hatte es genau gesehen und werde diesen Augenblick wohl nie vergessen. Er ließ ihr einfach keine Chance. Er hielt nicht einmal an, obwohl er mich auf unserem Grundstück genau an der Straße stehen sehen hatte.

Ich kenne diesen Menschen. Er wohnt nicht weit weg von uns, sodass ich ihn einige Tage später zur Rede stellte. Frech leugnete er anfangs, unsere Nelly totgefahren zu haben, kam dann aber mit scheinheiligen Ausreden, die es rechtfertigen sollten, dass er nicht einmal angehalten hatte. Dieser 1. Dezember hat sich dermaßen in mein Gedächtnis gebrannt, dass ich jeden 1. Dezember an diesen kleinen Hund denken werde.

Ich beerdigte Nelly gleich, dann war ich allein. Mutterseelenallein im Haus. Ich wusste nicht, wohin. Und wieder saß ich da, im Kampf mit mir und meinen Gedanken. Sie drehten sich immer um die kleine Hündin, die doch vor einer halben Stunde noch so froh über das Grundstück gelaufen war. Sie war tot, sagte ich mir.

Aber wenn ich jetzt Alkohol zur Hilfe nahm, würde Nelly auch nicht wieder lebendig werden. Es war eine quälende Zeit, die ich irgendwie versuchen musste, zu überbrücken. So blieb mir nichts weiter übrig, ich musste warten. Ich wartete darauf, dass die Schwimmhalle aufmachte. Ich setzte mich schon weitaus zeitiger ins Auto als sonst und fuhr hin. Doch als ich dann schwamm, hatte ich auch dazu keine richtige Lust mehr. Erst als ich mit einer Bekannten ins Gespräch kam und ihr von diesem für mich so tragischen Zwischenfall erzählen konnte, ging es mir besser. Ich konnte meine Seele erleichtern.

Ich hatte meine Frau schon telefonisch informiert und als ich dann nach Hause kam, saß sie da und wollte diesem Menschen einen Brief schreiben. Sie können sich sicherlich denken, dass er nicht gerade nett formuliert werden sollte. ›Hundemörder‹ und andere nicht gerade schöne Ausdrücke waren da zu lesen. Doch ich hielt sie davon ab. Es hätte nur noch mehr Ärger gegeben. Wenn ich mich in meiner aktiven Trinkphase befunden hätte, wäre der Ärger sicher noch größer gewesen. Was hätte nicht alles passieren können, wenn ich mir nicht die Zeit genommen hätte, um in Ruhe nachzudenken, und stattdessen vielleicht zur Flasche gegriffen hätte? Dann, so glaube ich, wäre ich ausgeflippt und hätte nicht einmal vor einer Körperverletzung Halt gemacht. Ich bin mir sicher, der Täter hätte einige Frakturen davongetragen und auch einige Zähne weniger im Mund gehabt.

Ich musste mich auch an dem Montag danach, als ich ihn

endlich zur Rede stellen konnte, noch sehr beherrschen. Er kann froh sein, dass ich nicht mehr unter ›Strom‹ gestanden habe, dass meine nassen Zeiten der Vergangenheit angehörten. Sicherlich wäre diese Sache dann für mich mit Konsequenzen verbunden gewesen, weshalb ich heute froh bin, dass ich ohne Alkohol ruhiger und besonnener gehandelt habe. Unsere Nelly wäre durch den Griff zur Flasche auch nicht wieder lebendig geworden.

Es war für mich eine harte Prüfung und sie war nicht in ein oder zwei Stunden überstanden. Ich hatte einige Zeit schwer daran zu kauen und denke selbst heute noch des Öfteren an Nelly und ihr Schicksal. Vielleicht denken jetzt einige Leser es war doch nur ein Hund. Dem möchte ich entgegensetzen, dass auch Tiere zur Familie gehören und ein plötzlicher Abschied sehr weh tun kann.

Mein Vater machte im Jahr 2007 eine Entgiftung und war bis zu seinem Tod im Herbst 2009 trocken, was mich freute. Im Frühjahr 2009 wurde er krank, sein Gesundheitszustand verschlechterte sich zusehends von einem auf den anderen Krankenhausaufenthalt. Die letzte Zeit, bis er für immer einschlafen sollte, lag er nur noch im Bett. Ob er unsere Anwesenheit bei den täglichen Besuchen noch mitbekommen hat, kann ich nicht sagen. Ich konnte mich aber schon seelisch und moralisch darauf einstellen, was kommen sollte.

Der härteste Schlag sollte aber noch kommen. Es war Ende Mai oder Anfang Juni 2012 und meine Mutter hatte eine Herzklappen-OP. Ich besuchte sie, als sie noch auf der Intensivstation lag. Allein zu sehen, wie ein Mensch so da liegt, war schwer für mich. Sie erholte sich und ging für drei Wochen zur Reha.

Am 10. Juli 2012 kam sie wieder nach Hause. Ich war froh und dachte, nun würde alles wieder gut werden. Unser Sohn war gerade ebenfalls aus Afghanistan heil und gesund zurückgekommen, sodass ich mit Erleichterung in die Zukunft blicken konnte. Aber es sollte anders kommen.

Fünf Tage später ging ich wie jeden Morgen meine Runde mit meiner Dusty, aber irgendwie sollte mir diese Runde nicht richtig gefallen. Ich hatte ein komisches Gefühl. Dann schwang ich mich auf mein Rad und machte wie jeden Morgen meine Radtour. Dabei kam ich auch an meinem Elternhaus vorbei. Das war gegen 7.15 Uhr. Ich dachte mir nichts dabei, dass die Rollläden noch unten waren, es war ja noch früh am Morgen.

Auf der Tour dachte ich so bei mir, wenn meine Mutter wieder auf dem Damm war, würde ich mit ihr an die Ostsee fahren. Die hatte sie noch nie gesehen.

Ich hielt immer auf dem Rückweg an und sah nach dem Rechten, so auch an diesem Sonntag. Ich machte mir schon seit einigen Tagen Sorgen. Meine Mutter kränkelte und wollte nicht so essen, wie ich es mir wünschte.

Ich ging erst einmal in den Garten. Das war gegen 8.00 Uhr und die Rollläden waren immer noch unten. Ich machte mir immer noch keine Sorgen und wollte nachsehen, wie viele Toastscheiben noch da waren, damit ich sehen konnte, ob meine Mutter gefrühstückt hatte. Ich schloss die Haustür auf. Mein Herz blieb fast stehen. Ich fand meine Mutter in ihrem Blut vor der Treppe. Sie war beim Aufstehen die Treppe hinuntergestürzt. Was genau auf der Treppe geschehen ist, kann ich nicht sagen. Sie war tot. Alles, was jetzt kam, war wie in einem falschen Film: Rettungssanitäter, Bestatter und auch noch die Kriminalpolizei.

Ich war am Boden zerstört, alle Hoffnungen und Wünsche wurden jäh zerschlagen. Als der ganze Trubel dann zu Ende war und ich Zeit hatte, saß ich in meinem Keller und wusste weder ein noch aus. Ich hatte den Wunsch, mich zu betäuben.

Das wäre das einfachste Mittel gewesen, um alles vergessen zu können. Aber für wie lange? Wenn ich danach wieder nüchtern wurde, wäre dieselbe Situation nur noch schlimmer, weil ich einen klassischen Rückfall hingelegt hätte.

Es war sehr schwer, aber ich blieb standhaft, denn da war noch das Versprechen, nicht zu saufen, das ich meiner Mutter damals als kleiner Junge gegeben hatte. Sie war stolz gewesen, dass ich es geschafft hatte, trocken zu leben. Ich konnte sie nicht enttäuschen.

Für mich war es auch gut, dass ich meine Dusty hatte und jeden Tag meine Radtouren machte. Ich hatte etwas Ablenkung und konnte den Kopf frei bekommen. Denn es nützte nichts, meine Mutter wäre nicht wieder lebendig geworden, wenn ich meinen Kummer im Alkohol ertränkt hätte.

Was ich damit sagen möchte, ist, dass man sich in brenzligen Situationen die Zeit nehmen muss, um in Ruhe nachzudenken. Hilft der Griff zur Flasche? Oder zerstöre ich damit noch mehr? Setze ich damit wieder meine Gesundheit aufs Spiel? Würde ich es einsehen und mir gleich Hilfe suchen?

Auf diese Fragen kann ich keine Antwort geben, aber ich blieb standhaft – auch meiner Mutter zuliebe. Dennoch bekam ich dieses Bild nicht aus meinem Kopf. Mit der Zeit musste ich mir bewusst werden, dass Sterben zum Leben dazugehört. Mein Vater hat einmal eine weise Bemerkung gemacht: »Vor dem Tod muss man keine Angst haben, nur vor dem Sterben.« Es ist eben immer die Frage, wie der Mensch stirbt. Ob er sanft einschläft oder sich in den Tod quält.

Es war im Sommer 2015, als wir auch von meiner Dusty Abschied nehmen mussten. Sie wurde mit dem Tag krank, an dem bei meiner Frau Brustkrebs diagnostiziert wurde. Es sollte eine schwere Zeit werden, aber auch diese überstand ich trocken.

Schlusswort

In der Zeit, in der ich dieses Buch geschrieben habe, ist mir einiges viel bewusster geworden, als zu dem Zeitpunkt, an dem ich mich daran gemacht habe, mit dem Schreiben zu beginnen. Bewusst ist mir geworden, dass wir unseren Weg gehen müssen – jeder für sich. Wir können einem anderen hilfreich die Hand reichen, aber ob er sie annimmt, muss er entscheiden. Hat er sie dann angenommen, kann diese Hand ihn nur unterstützen. Den steinigen Weg gehen, muss er schon selbst. Es wird wehtun, es werden Schmerzen sein, die in unserer Seele brennen werden, bis wir oben auf dem Berg angekommen sind. Und jedes Fallen und Hinabstürzen in den Sumpf der Sucht schmerzt zusätzlich und hinterlässt tiefe Narben. Werden wir es jemals schaffen, oben auf dem Berg anzukommen? Wann werden wir wissen, dass wir es geschafft haben? Der Berg ist steil, am Anfang sehr steil, da geht es ohne Hilfe nicht. Wir brauchen ein Seil, an dem wir uns aus dem Sumpf des Alkohols herausziehen können. Das haltende Seil kann zum Beispiel ein Therapeut sein. Doch danach heißt es entweder allein steigen oder mithilfe von Freunden oder Leidensgenossen, mit einer Gruppe.

Man sollte die angebotene Hand annehmen. Doch irgendwann kommt der Tag und man muss seinen eigenen Weg zu Ende gehen. Die Steigung des Weges wird mit der Zeit etwas flacher, aber das Ziel ist immer noch weit entfernt. Doch sind es gerade die flachen Wegstrecken, die es uns erlauben, einen schönen Ausblick als Lohn für harte Arbeit, Willenskraft und für die ertragenen seelischen Schmerzen, die sich immer wieder bemerkbar machen, zu genießen.

Wann haben wir es geschafft, ein Leben als trockener Alkoholiker zu führen? Es ist eine sehr ernüchternde Antwort, aber auch dieser müssen wir ins Auge sehen. Wir wissen es erst in dem Moment, wenn wir die Augen für immer schließen. Erst dann, kurz davor, können wir sagen: »Ich habe die Bergspitze erreicht.« Es liegt an jedem selbst, wie er seinen Weg auf den Berg gestaltet, wie oft er abrutscht oder die Höhen und Tiefen trocken meistert.

Also machen wir uns auf den Weg, die Bergspitze zu erreichen, und genießen wir dabei die Aussicht, die uns zeigen wird, dass es sich lohnt, diesen Berg zu besteigen. Auch wenn es dann auf dem Gipfel heißt, für immer Abschied zu nehmen. Wer weiß, vielleicht bekommen wir ja eine neue Chance, mit der Hoffnung, den neuen Körper nicht wieder dem Alkohol auszusetzen.

Ich wünsche allen trockenen Alkoholikern und denjenigen, die es ernsthaft werden möchten und nicht gleich schaffen, alles erdenkliche Gute in ihrem weiteren Leben!

Danksagung

Den größten Dank möchte ich meiner Frau aussprechen. Sie hat sich daran gemacht und mein Buch nochmals neu aufgearbeitet, um es zu veröffentlichen.

Ein großes Dankeschön unserer Lektorin Kristina Butz für ihre geduldige Arbeit und die Ratschläge.

Ebenfalls vielen Dank an den Therapeuten Josef Blaufuß von der Soteria Klinik für den Gastbeitrag mit seinen Gedanken zur Sucht sowie der Klinikleitung für die Genehmigung, aus der Haus- und Therapieordnung zu zitieren.

Weiterhin möchten wir uns bei der Bildzeitung für die Genehmigung zur Verwendung der Grafik über die Folgeschäden bedanken.

Auch wenn ich mich jetzt noch einmal wiederhole, mein Dank gilt dem mittelgroßen Hund, der mir meine Grenzen aufgezeigt hat. Ohne ihn wäre mein Leben in einer ganz anderen Bahn verlaufen. Mit Sicherheit hätte ich mich totgesoffen.